Pasta

D1855022

Rezept	Seite	Kalorien/Portion	Gelingt leicht	Schnell	Gut vorzubereiten	Vegetarisch	Preiswert	Braucht etwas Zeit	Raffiniert	Für Gäste
Tomatensuppe mit Tortellini	6	350	●			●				
Minestrone mit Tomatenpesto	6	455			●	●				
Bohnensuppe mit Nudelfleckerl	8	740			●		●			
Lamm-Gemüse-Suppe mit Spätzle	9	540	●					●		●
Asiatische Nudelsuppe mit Fisch	10	335	●						●	
Kokosmilchsuppe mit Huhn	10	510			●				●	
Scharfer Nudelsalat	12	590		●	●	●				●
Nudelsalat grün-weiß	12	420		●		●				●
Nudelsalat mit Spargel	13	290	●							●
Nudelsalat mit Olivenpaste	13	440			●					●
Reisnudelsalat mit Lamm und Sesam	14	530	●						●	●
Glasnudelsalat mit Mu-Err-Pilzen	14	190			●	●			●	●
Spaghetti mit Gemüse-Fisch-Julienne	18	525	●	●						●
Tagliatelle mit Forellenragout	18	590	●	●					●	
Linguine mit Safrantomaten	20	450	●	●		●			●	
Orecchiette mit Tomatencreme	20	580		●		●	●			
Penne mit Thunfischsauce	21	530	●	●			●			
Spaghetti alla puttanesca	21	510	●	●			●		●	
Gebratene Nudeln mit Paprika	22	510		●	●	●				
Nudeln mit Roquefortsauce	22	675		●		●			●	
Penne mit Rucolapesto	24	720		●	●	●			●	●
Fettuccine mit grün-weißer Sauce	25	505	●	●		●	●			
Tagliatelle in Zitronensauce	26	575	●	●		●			●	●
Fettuccine mit Spinat-Scampi-Sauce	26	495	●	●					●	●
Nudeln mit Kräutern und Schinken	28	540								

GU Rezept-

Rezept	Seite	Kalorien/Portion	Gelingt leicht	Schnell	Gut vorzubereiten	Vegetarisch	Preiswert	Braucht etwas Zeit	Raffiniert	Für Gäste
Nudeln mit Zwiebel-Kalb-Sauce	29	505	●	●					●	
Pappardelle mit Lammragout	32	595			●			●		●
Penne mit Hühner-Curry-Sauce	34	540	●						●	●
Reisnudeln mit würzigem Entenragout	34	1870			●			●	●	●
Penne mit Auberginen-Ragout	36	490	●			●			●	●
Tagliatelle mit Artischocken	37	485				●			●	●
Ragù alla bolognese	38	395	●		●			●		
Kalbsragout mit Feigen	38	320			●				●	●
Linsenragout	39	330	●		●		●			●
Tintenfisch-Ragout	39	145	●						●	
Ravioli mit Kürbisfüllung	42	530			●	●		●		●
Rucola-Artischocken-Ravioli	44	555			●	●		●	●	●
Kaninchen-Ravioli	44	890			●			●		●
Ricotta-Ravioli	45	895			●	●		●		
Pilz-Ravioli	45	610	●		●	●	●	●		
Türkische Teigtaschen mit Schafkäse	46	675			●			●	●	●
Wan-Tans mit Garnelenfüllung	48	515	●		●				●	●
Maultaschen	48	665	●		●		●	●		●
Lasagne mit Pilzen und Zuckerschoten	52	840	●		●	●		●	●	●
Cannelloni mit Fischfüllung	54	685						●	●	●
Cannelloni mit Ricotta und Schinken	55	855	●		●			●		●
Nudelgratin mit Gorgonzola	56	590	●			●				●
Nudelauflauf mit Artischocken	56	600	●						●	
Conchiglione mit zwei Füllungen	58	715			●				●	●
Lumaconi mit Auberginen-Füllung	60	635			●				●	●
Tortellini mit Garnelen-Haube	61	430	●						●	●

Wegweiser

Suppen und Salate

Aus dem Suppentopf oder in der Salatschüssel serviert, sind Nudelgerichte kleine Hauptmahlzeiten, feine Vorspeisen oder aber willkommener Bestandteil von Partybuffets. Damit die Teigwaren selbst ein echter Genuß werden, sind beim Kochen ein paar grundsätzliche Dinge zu beachten.

Nudeln gekonnt kochen

Teigwaren müssen in reichlich Wasser gegart werden.

• Man rechnet pro 100 g Nudeln 1 l Wasser. Das Wasser in einem großen Topf – mindestens 6 l Inhalt – zum Kochen bringen. Dann pro Liter Wasser 1 gehäuften TL Salz, am besten Meersalz, dazugeben (Öl muß übrigens nicht dazu).

• Die Nudeln ins Wasser geben. Nudeln wie Spaghetti oder Makkaroni, die zu lang für den Topf sind, aber am unteren Ende rasch geschmeidig werden, dabei vorsichtig mit einem breiten Kochlöffel nachschieben, bis sie ganz im Wasser schwimmen. Die Nudeln im sprudelnd kochenden Wasser offen garen. Nach einigen Minuten vorsichtig umrühren, damit die Nudeln nicht am Topfboden festkleben.

• Nudeln haben unterschiedlich lange Garzeiten. Sie dürfen weder zu weich noch zu hart sein. Idealerweise sind sie in der Mitte zwar nicht mehr hart und weiß, haben aber noch etwas Biß. In Italien nennt man das »al dente«, was soviel bedeutet wie »am Zahn«. Meist ist auf der Packung eine Garzeit vermerkt. Falls nicht, sollten Sie die Nudeln immer wieder probieren, damit sie nicht zu weich werden. Als Faustregel gilt: Die meisten Nudeln brauchen 8 Minuten, dickere oft bis zu 13 Minuten. Selbstgemachte oder frisch gekaufte Nudeln sind in 1–3 Minuten fertig.

Abschrecken oder nicht?

Normalerweise werden Nudeln nicht abgeschreckt, denn dabei kühlen sie zu stark ab. Damit sie nicht zusammenkleben, mischt man sie nach dem Garen sofort mit der entsprechenden Sauce oder mit 1 EL Olivenöl.
Manche geben das Öl übrigens schon ins Kochwasser. Das ist aber nicht nötig, denn beim Garen kleben die Nudeln ohnehin nicht zusammen. (Auch in Italien gibt man Öl immer erst an die fertige Pasta.)
Für Nudelsalate hingegen, die ja ohnehin kalt serviert werden, sollten Sie die Nudeln nach dem Garen gründlich kalt abschrecken und abtropfen lassen.

Das erleichtert die Arbeit

Im Handel gibt es zum Garen von Teigwaren spezielle Nudelkochtöpfe mit Siebeinsatz. Sind die Nudeln fertig, zieht man sie mitsamt dem Sieb aus dem kochenden Wasser. Aber jedes andere Sieb erfüllt diesen Dienst genauso gut. Es sollte allerdings gut im Ausguß stehen – also stabile Füße haben. Außerdem sind ausreichend große und viele Löcher wichtig, damit das Wasser rasch abläuft und die Nudeln nicht darin weitergaren. Zum Servieren und auch zum Probieren während des Garens von Nudeln ist eine Nudelzange praktisch.

Brühe für die Suppe

Eine feine Nudelsuppe schmeckt eigentlich erst dann so richtig gut, wenn man sie mit einer selbstgemachten Brühe zubereitet. Deshalb hier die Kurzrezepte:
Für eine Fleisch- oder Hühnerbrühe 750 g Rindfleisch (zum Kochen) oder 1 Suppenhuhn mit 1 1/2 l Wasser (das Fleisch soll davon bedeckt sein) zum Kochen bringen. Den Schaum abschöpfen, das Fleisch bei halb aufgelegtem Deckel 30 Min. knapp unter dem Siedepunkt ziehen lassen.
2 Bund Suppengrün waschen, putzen und grob zerkleinern. Mit 1 halbierten Zwiebel, 1 Lorbeerblatt und 2 Wacholderbeeren zum Fleisch geben und 1 1/2 Std. garen. Dann erst salzen.
Für eine Gemüsebrühe 1,2 kg Gemüse (Möhren, Fenchel, Lauch, Stangensellerie und Petersilienwurzeln) schälen oder waschen und fein zerkleinern. Mit 1 gewaschenen und ungeschälten, halbierten Zwiebel und 2 geschälten Knoblauchzehen mit 1 1/2 l Wasser zum Kochen bringen. Einige Kräuterzweige und Salz hinzufügen und alles 30 Min. köcheln lassen. Gemüse in der Brühe erkalten lassen, dann die Brühe durchsieben und abschmecken.

Die optimale Ausrüstung zum Nudelkochen

Vinaigrette für Salat

Ein Salat aus Nudelresten ist schnell gemacht.
Für die Vinaigrette 1 TL scharfen Senf mit 1 EL Weißweinessig oder Zitronensaft, Salz und Pfeffer verrühren. 3 EL Olivenöl kräftig unterschlagen. Feingehackte Kräuter untermischen.
Beliebte Kombinationen für Nudelsalat sind:
- Tomaten, Schafkäse und Oliven
- Erbsen, Schinken, kleine Käsewürfel und Dill
- Paprika, Thunfisch, Kapern und Zwiebelringe

Tomatensuppe mit Tortellini

- Gelingt leicht
- Schnell

Die Suppe paßt gut als Vorspeise in ein leichtes Sommermenü.

Für 4 Personen:

3 Tomaten
1 kleiner Zucchino
1 Bund Frühlingszwiebeln
1 l Gemüse- oder Hühnerbrühe
200 g frische Tortellini oder Ravioli mit Ricottafüllung (siehe Tip)
1/2 Bund Basilikum
Salz
Cayennepfeffer

Zubereitungszeit: 30 Min.

Pro Portion ca.: 1450 kJ/350 kcal
16 g EW/7 g F/56 g KH

1 Die Stielansätze der Tomaten entfernen. Tomaten kurz überbrühen, häuten und vierteln. Die Tomaten entkernen und in sehr kleine Würfel schneiden.

2 Den Zucchino waschen und putzen, der Länge nach in dünne Scheiben, dann quer und leicht schräg in schmale Streifen schneiden. Die Frühlingszwiebeln putzen, sehr gründlich waschen und mit dem zarten Grün in feine Ringe schneiden.

3 Die Brühe in einem Suppentopf erhitzen. Das Gemüse darin zugedeckt bei mittlerer Hitze 3 Min. köcheln lassen.

4 Die Tortellini oder Ravioli in die Brühe geben und alles offen weitere 3–4 Min. garen, bis die Tortellini bißfest sind.

5 Inzwischen das Basilikum waschen, die Blättchen kleiner zupfen. Die Suppe mit Salz und Cayennepfeffer abschmekken und mit dem Basilikum bestreut servieren.

TIPS!

Kaufen Sie in jedem Fall frische Tortellini, getrocknete schmecken lange nicht so gut. Oder bereiten Sie reichlich selbstgemachte Ricotta-Ravioli (Seite 45) und verwenden 200 g für die Suppe.
Wer möchte, serviert dazu noch frisch geriebenen Parmesan oder Pecorino.

Minestrone mit Tomatenpesto

- Gut vorzubereiten
- Vegetarisch

Für 4 Personen:

Für die Minestrone:
1 Stange Lauch
2 Stangen Staudensellerie
2 Möhren
1 festkochende Kartoffel
4 Tomaten · 1 Zwiebel
2 Knoblauchzehen
1 Bund Borretsch (ersatzweise Petersilie)
2 EL Olivenöl
Salz · schwarzer Pfeffer
1 Handvoll Spinatblätter
150 g Makkaroni
Für das Pesto:
100 g getrocknete, in Öl eingelegte Tomaten
1 kleine frische Tomate
2 Knoblauchzehen
50 g Pinienkerne
2 EL Olivenöl
50 g frisch geriebener Pecorinokäse (oder Parmesan)
Salz · schwarzer Pfeffer

Zubereitungszeit: 50 Min.

Pro Portion ca.: 1895 kJ/455 kcal
18 g EW/18 g F/63 g KH

1 Den Lauch putzen, längs aufschlitzen und gründlich waschen. Dann mit dem zarten Grün in feine Streifen schneiden. Sellerie waschen, putzen und in dünne Scheiben teilen. Das zarte Selleriegrün abschneiden und beiseite legen. Möhren und Kartoffel schälen und in Würfel schneiden.

2 Stielansätze der Tomaten entfernen. Tomaten kurz überbrühen, häuten, vierteln und würfeln. Die Zwiebel und den Knoblauch schälen und fein hacken. Den Borretsch waschen, die Blättchen fein hacken. Einen Teil des Borretsch zugedeckt zum Anrichten beiseite stellen.

3 Das Öl in einem Suppentopf erhitzen. Zwiebel und Knoblauch darin anbraten. Lauch, Sellerie, Möhren und Kartoffel mitbraten. Tomaten, Borretsch und 1 1/4 l Wasser hinzufügen, salzen und pfeffern.

4 Die Suppe zudecken und bei mittlerer Hitze 20 Min. köcheln lassen.

5 Inzwischen für das Pesto die Tomaten abtropfen lassen und grob zerkleinern. Die frische Tomate waschen und würfeln, Stielansatz dabei entfernen. Knoblauch schälen und grob zerkleinern.

6 Tomaten mit Knoblauch, Pinienkernen und Olivenöl im Mixer fein zerkleinern. Käse untermischen und das Pesto mit Salz und Pfeffer abschmecken.

7 Den Spinat verlesen, gründlich in kaltem Wasser waschen und abtropfen lassen. Makkaroni in Stücke brechen und mit dem Spinat in die Suppe geben. Alles noch 10 Min. garen, bis die Makkaroni bißfest sind.

8 Die Suppe nochmals abschmecken, dann in Teller füllen. Mit etwas Borretsch und je 2 gehäuften TL Tomatenpesto garnieren und sofort servieren. Das restliche Tomatenpesto extra dazu reichen.

TIP!

Natürlich können Sie auch nur das Pesto zubereiten und zum Beispiel zu Penne servieren. Dann das Pesto mit etwas heißem Nudelkochwasser cremig rühren und unter die heißen Nudeln mischen.

Im Bild vorne: Minestrone mit Tomatenpesto
Im Bild hinten: Tomatensuppe mit Tortellini

Bohnensuppe mit Nudelfleckerl

● Preiswert
● Gut vorzubereiten

Für 4 Personen:

200 g große weiße Bohnen
200 g Mehl
2 Eier
3 EL Olivenöl
Salz
100 g roh geräucherter Schinken
1 Zwiebel
1 1/2 l Gemüse- oder Fleischbrühe
200 g Tomaten
1 EL Tomatenmark
schwarzer Pfeffer
1 Bund Basilikum (oder Rucola)
Mehl für die Arbeitsfläche

Quellzeit: über Nacht
Zubereitungszeit: 1 1/2 Std.

Pro Portion ca.: 3090 kJ / 740 kcal
32 g EW / 17 g F / 115 g KH

1 Die weißen Bohnen über Nacht in Wasser quellen lassen.

2 Am nächsten Tag für die Nudelfleckerl das Mehl mit den Eiern, 1 EL Olivenöl und 1/2 TL Salz zu einem glatten Teig verkneten. Den Teig in Pergament 30 Min. ruhen lassen.

3 Die Bohnen abgießen. Den Schinken in feine Streifen schneiden. Die Zwiebel schälen und fein hacken.

4 Das restliche Öl in einem Suppentopf erhitzen. Die Zwiebel mit dem Schinken darin anbraten. Die Bohnen kurz mitdünsten. Mit der Brühe ablöschen und zum Kochen bringen. Die Bohnen zugedeckt bei schwacher bis mittlerer Hitze 1 Std. köcheln lassen, bis sie weich sind.

5 Inzwischen den Teig auf wenig Mehl dünn ausrollen und zu Rechtecken schneiden. Auf einem Küchentuch etwas antrocknen lassen.

6 Tomaten waschen oder häuten und würfeln. Mit dem Tomatenmark zu den Bohnen geben, mit Salz und Pfeffer würzen. Das Basilikum waschen und in Streifen schneiden.

7 Die Nudelfleckerl in reichlich kochendem Salzwasser in 2–3 Min. bißfest kochen. Abgießen und mit dem Basilikum unter die Suppe mischen. Eventuell frisch geriebenen Käse dazu servieren.

Lamm-Gemüse-Suppe mit Spätzle

● Braucht etwas Zeit
● Gelingt leicht

Für 4 Personen:

100 g Mehl
2 Eier · Salz
500 g Lammfleisch (aus der Keule)
2 Zwiebeln
2 Knoblauchzehen
200 g Kürbis (ersatzweise Kohlrabi)
2 EL Butterschmalz
1 l Fleischbrühe
Pfeffer
1/2–1 TL gemahlener Kümmel
300 g Broccoli
2 Tomaten
1 Bund Schnittlauch

Zubereitungszeit: 1 1/4 Std.

Pro Portion ca.: 2255 kJ/540 kcal 39 g EW/30 g F/31 g KH

1 Für die Spätzle Mehl mit Eiern und 1 kräftigen Prise Salz zu einem glatten, zähflüssigen Teig verrühren. 30 Min. quellen lassen.

2 Inzwischen Lamm von Fett und Sehnen befreien und klein würfeln. Zwiebeln und Knoblauch schälen und fein hacken. Kürbis schälen und von den Kernen und dem weichen Inneren befreien. Das Fruchtfleisch dann klein würfeln.

3 Butterschmalz in einem Suppentopf erhitzen. Das Fleisch darin bei starker Hitze unter Rühren kräftig anbraten.

4 Zwiebeln und Knoblauch mit anbraten. Mit der Brühe aufgießen und mit Salz, Pfeffer und Kümmel würzen. Lammfleisch zugedeckt bei mittlerer Hitze 30 Min. köcheln lassen.

5 Gleichzeitig Salzwasser zum Kochen bringen. Spätzleteig portionsweise durch den Spätzlehobel in das Wasser geben und ziehen lassen, bis die Spätzle an die Oberfläche steigen. Herausheben, kalt abschrecken und zugedeckt beiseite stellen.

6 Broccoli waschen und die Röschen abschneiden. Stiele schälen und in Scheiben teilen. Tomaten häuten und ohne die Stielansätze würfeln.

7 Kürbis, Broccoli und Tomaten mit 1/4 l Wasser zum Lamm geben und in 10–15 Min. bißfest garen. Schnittlauch waschen, in Röllchen schneiden.

8 Spätzle in die Suppe geben. Mit den Schnittlauchröllchen bestreuen und servieren.

Asiatische Nudelsuppe mit Fisch

● Raffiniert
● Gelingt leicht

Für 4 Personen:

Salz
150 g chinesische Eiernudeln
200 g festfleischiges Fischfilet (z.B. Seeteufel oder Kabeljau)
1 EL Zitronensaft
100 g Mangoldblätter
2 Tomaten
1 Bund Frühlingszwiebeln
3/4 l Hühnerbrühe
1 getrocknete Chilischote (nach Belieben)
1 EL Reisessig (oder milder Weißweinessig)
1 TL Honig
1 EL Sojasauce
1/2 Bund Koriandergrün

Zubereitungszeit: 30 Min.

Pro Portion ca.: 1395 kJ/335 kcal
21 g EW/4 g F/58 g KH

1 Für die Eiernudeln reichlich Salzwasser zum Kochen bringen. Die Nudeln darin nach Packungsaufschrift bißfest kochen, dann in einem Sieb kalt abschrecken und abtropfen lassen.

2 Das Fischfilet kalt abspülen, trockentupfen und in mundgerechte Stücke schneiden. Mit dem Zitronensaft mischen.

3 Mangold waschen und abtropfen lassen, dann grob hacken. Stielansätze der Tomaten entfernen. Tomaten kurz überbrühen, häuten, vierteln und würfeln. Die Frühlingszwiebeln putzen, gründlich waschen und mit dem zarten Grün in feine Ringe schneiden.

4 Die Brühe in einem Topf zum Kochen bringen. Nach Belieben die Chilischote hineinkrümeln. Mit dem Essig, dem Honig, der Sojasauce und eventuell Salz abschmecken. Das Gemüse in der Suppe 2 Min. kochen lassen.

5 Das Fischfilet mit den Nudeln in die Suppe geben und alles noch 1 Min. ziehen lassen.

6 Inzwischen Koriander waschen und die Blättchen abzupfen. Suppe nochmals abschmecken, dann mit Koriander bestreut servieren.

Kokosmilchsuppe mit Reisnudeln und Huhn

● Raffiniert
● Gut vorzubereiten

Für 4 Personen:

150 g Reisnudeln (schmale Bandnudeln)
1 Hühnerbrüstchen ohne Haut und Knochen
1 unbehandelte Zitrone
1 Knoblauchzehe
1 Bund Rucola
1 kleine rote Paprikaschote
1 EL Erdnußöl (oder Sonnenblumenöl)
100 g ausgepalte Erbsen
400 ml Kokosmilch (aus der Dose)
600 ml Hühnerbrühe (ersatzweise Wasser)
Salz

Zubereitungszeit: 1 Std.

Pro Portion ca.: 2140 kJ/510 kcal
25 g EW/29 g F/43 g KH

1 Die Reisnudeln in einer Schüssel in lauwarmem Wasser 30 Min. einweichen. Dann in einem Sieb abtropfen lassen.

2 Inzwischen das Hühnerfleisch kalt abspülen, trockentupfen und in schmale Streifen schneiden. Die Zitrone heiß waschen und abtrocknen. Die Schale dünn abschneiden und in feine Streifen teilen, die Zitrone auspressen. Den Knoblauch schälen und durch die Presse zum Fleisch drücken. Zitronenschale und 1 EL Zitronensaft zum Huhn geben und gründlich untermischen.

3 Rucola waschen, trockenschwenken und fein hacken. Die Paprikaschote waschen, halbieren und putzen. Die Schotenhälften in feine Streifen schneiden.

4 Das Erdnußöl in einem großen Topf erhitzen. Das Hühnerfleisch darin bei starker Hitze unter Rühren braten, bis es rundherum braun ist. Mit einem Schaumlöffel wieder herausnehmen.

5 Paprika und Erbsen im verbliebenen Bratfett anbraten. Mit der Kokosmilch und der Brühe aufgießen. Die Nudeln untermischen und alles 3 Min. köcheln lassen.

6 Den Rucola untermischen und in der heißen Suppe zusammenfallen lassen. Huhn in die Suppe geben, alles mit Zitronensaft und Salz abschmecken und sofort servieren.

TIP!

Für beide Suppen brauchen Sie ein paar asiatische Zutaten, die Sie nicht in jedem Geschäft bekommen. Die meisten können Sie aber problemlos im Vorrat haben.
Im Asienladen oder in der Lebensmittelabteilung großer Warenhäuser kaufen Sie Reisnudeln, chinesische Eiernudeln, Sojasauce, Kokosmilch und den milden Reisessig.
Frischen Koriander bekommen Sie auf dem Wochenmarkt am Kräuterstand, Sie können ihn aber auch ganz einfach selbst auf der Fensterbank im Blumentopf ziehen.

Im Bild vorne: Asiatische Nudelsuppe mit Fisch
Im Bild hinten: Kokosmilchsuppe mit Reisnudeln und Huhn

Scharfer Nudelsalat

- Vegetarisch
- Gut vorzubereiten

Für 4 Personen:

Salz
250 g kurze Nudeln
300 g Tomaten
4 getrocknete, in Öl eingelegte Tomaten
125 g Mozzarella
1–2 rote Chilischoten
2 Knoblauchzehen
1 rote Zwiebel
je 1/2 Bund Petersilie, Rucola und Basilikum
2 EL Zitronensaft
4 EL Olivenöl
1 EL Pinienkerne

Zubereitungszeit: 20 Min.
Marinierzeit: 30 Min.

Pro Portion ca.: 2480 kJ / 590 kcal
25 g EW / 20 g F / 86 g KH

1 Reichlich Salzwasser aufkochen lassen. Die Nudeln darin nach Packungsaufschrift bißfest kochen.

2 Die Tomaten waschen und sehr fein würfeln. Die getrockneten Tomaten in feine Streifen schneiden. Den Mozzarella sehr fein würfeln. Die Chilischote putzen, kalt abspülen und fein hacken. Knoblauch schälen und durch die Presse drücken. Zwiebel schälen und sehr fein hacken. Kräuter waschen, die Blättchen fein hacken.

3 In einer Salatschüssel Zitronensaft mit Öl verrühren. Die vorbereiteten Zutaten untermischen, salzen.

4 Die Nudeln gut abtropfen lassen, unter den Salat mischen, 30 Min. durchziehen lassen.

5 Die Pinienkerne in einer trockenen Pfanne goldgelb rösten. Auf den Salat streuen.

Nudelsalat grün-weiß

- Vegetarisch
- Schnell

Für 4 Personen:

Salz
250 g kleine Nudeln
100 g Zuckerschoten
300 g Salatgurke
1 Bund Frühlingszwiebeln
je 1/2 Bund Dill und Basilikum
einige Zweige frische Zitronenmelisse
4 EL Joghurt
4 EL Sahne
1 EL geriebener Meerrettich (aus dem Glas)
Pfeffer

Zubereitungszeit: 20 Min.

Pro Portion ca.: 1325 kJ / 320 kcal
12 g EW / 7 g F / 52 g KH

1 Reichlich Salzwasser aufkochen lassen. Die Nudeln darin bißfest kochen.

2 Gleichzeitig in einem anderen Topf Salzwasser zum Kochen bringen. Die Zuckerschoten waschen und von den Enden befreien. 3 Min. blanchieren, abschrecken und abtropfen lassen.

3 Die Gurke schälen und würfeln. Frühlingszwiebeln putzen, waschen und mit dem zarten Grün in feine Ringe schneiden. Die Kräuter waschen, die Blättchen fein hacken, alles in eine Schüssel füllen.

4 Den Joghurt mit der Sahne und dem Meerrettich verrühren. Unter das Gemüse mischen, salzen und pfeffern.

5 Die Nudeln abtropfen lassen, unter das Gemüse mischen. Den Salat lauwarm servieren.

Nudelsalat mit Spargel

- Gelingt leicht
- Für Gäste

Für 4 Personen:

Salz
250 g weißer Spargel
200 g grüne Bandnudeln
100 g gekochter Schinken
1 Bund Radieschen
1 Bund Schnittlauch
2 Frühlingszwiebeln
1 EL Zitronensaft
1 EL Weißweinessig
2 EL Crème fraîche
weißer Pfeffer

Zubereitungszeit: 35 Min.

Pro Portion ca.: 1215 kJ/290 kcal
13 g EW/9 g F/41 g KH

1 Salzwasser zum Kochen bringen. Den Spargel putzen, gründlich schälen und in Stücke von etwa 2 cm Größe schneiden, im Salzwasser in 8 Min. bißfest kochen. Dann mit einem Schaumlöffel herausheben und kalt abschrecken. Die Nudeln im Spargelwasser nach Packungsaufschrift bißfest kochen.

2 Schinken würfeln, Radieschen putzen, waschen und in feine Scheiben schneiden. Schnittlauch waschen und in Röllchen schneiden. Frühlingszwiebeln putzen, waschen und mit dem zarten Grün in feine Ringe schneiden. Alles in eine Schüssel geben.

3 Zitronensaft und Essig mit Crème fraîche verrühren. Salzen und pfeffern.

5 Die Nudeln kalt abschrecken und abtropfen lassen, in der Schüssel mit dem Dressing mischen.

Nudelsalat mit Olivenpaste

- Gut vorzubereiten
- Raffiniert

Für 4 Personen:

Salz
250 g grüne Bohnen
250 g Fusilli (Spiralnudeln)
1 gelbe Paprikaschote
2 Tomaten
1 Bund Petersilie
100 g entsteinte grüne Oliven
4 Sardellenfilets
4 EL Olivenöl
2 EL Pinienkerne
2 EL Zitronensaft
Pfeffer
Blattsalat zum Anrichten

Zubereitungszeit: 30 Min.

Pro Portion ca.: 1830 kJ/440 kcal
16 g EW/16 g F/64 g KH

1 Reichlich Salzwasser zum Kochen bringen. Die Bohnen waschen, putzen und halbieren. Die Nudeln mit den Bohnen nach Packungsaufschrift bißfest garen.

2 Paprikaschote waschen, putzen, in feine Streifen schneiden. Die Tomaten waschen und würfeln. Die Petersilie waschen, Blättchen abzupfen.

3 Oliven mit Sardellen, Öl, Pinienkernen und der Hälfte der Petersilie im Mixer fein pürieren. Mit 4–5 EL Nudelkochwasser und dem Zitronensaft cremig rühren. Restliche Petersilie hacken.

4 Nudeln und Bohnen kalt abschrecken. Mit dem übrigen Gemüse, Olivenpaste und Petersilie mischen, salzen und pfeffern. Auf Salatblättern anrichten.

Reisnudelsalat mit Lamm und Sesam

● Raffiniert
● Gelingt leicht

Für 4 Personen:

Salz
200 g türkische Reisnudeln (reiskornförmig)
250 g Lammfleisch (aus der Keule)
1 Möhre
1 EL Sonnenblumenöl
schwarzer Pfeffer
1 TL Paprika, rosenscharf
1 grüne Pfefferschote
2–3 Blätter Endiviensalat
2–4 Knoblauchzehen
2 Bund Petersilie
2–3 EL Zitronensaft
50 g Tahin (Sesampaste)
2 EL Olivenöl
1 Zitrone

Zubereitungszeit: 40 Min.

Pro Portion ca.: 2210 kJ/530 kcal
25 g EW/22 g F/65 g KH

1 Reichlich Salzwasser zum Kochen bringen. Die Reisnudeln darin nach Packungsaufschrift bißfest kochen. Dann in einem Sieb kalt abschrecken und abtropfen lassen.

2 Inzwischen die Lammkeule von Fett und Sehnen befreien und das Fleisch in sehr kleine Würfel schneiden. Die Möhre schälen und fein raspeln.

3 Das Sonnenblumenöl in einer Pfanne erhitzen. Das Lammfleisch darin bei starker Hitze unter Rühren kräftig anbraten. Die Möhre kurz mitbraten. Dann beides herausnehmen und in eine Schüssel füllen. Mit Salz, Pfeffer und dem Paprika würzen.

4 Die Pfefferschote waschen, vom Stielansatz und den Kernen mit den Trennwänden befreien. Dann nochmals kalt abspülen und in feine Ringe schneiden. Den Endiviensalat waschen, trockenschwenken und in sehr feine Streifen schneiden. Knoblauch schälen und fein hacken. Petersilie waschen, die Blättchen ebenfalls sehr fein zerkleinern.

5 Den Zitronensaft mit dem Tahin und dem Olivenöl gründlich verrühren.

6 Reisnudeln mit Lamm, Endivien, Petersilie, Knoblauch und Pfefferschote mischen. Tahindressing unterheben, alles nochmals mit Salz abschmekken. Die Zitrone heiß waschen, in Schnitze teilen und den Salat damit garnieren.

Glasnudelsalat mit Mu-Err-Pilzen

● Raffiniert
● Gut vorzubereiten

Für 4 Personen:

100 g Glasnudeln
20 g Mu-Err-Pilze
Salz
200 g breite grüne Bohnen
1 Bund Frühlingszwiebeln
1/2 rote Paprikaschote
2 Knoblauchzehen
2 EL Erdnußöl
3 EL Limettensaft
3 EL trockener Sherry (ersatzweise Gemüsebrühe)
1 EL Zucker
1 Messerspitze Sambal oelek
Korianderblättchen zum Garnieren (ersatzweise Basilikum)

Zubereitungszeit: 45 Min.

Pro Portion ca.: 790 kJ/190 kcal
5 g EW/4 g F/32 g KH

1 Die Glasnudeln in einer Schüssel in lauwarmem Wasser 30 Min. einweichen. Die Mu-Err-Pilze getrennt ebenfalls in lauwarmem Wasser einweichen.

2 Inzwischen Salzwasser zum Kochen bringen. Die Bohnen waschen und von den Enden befreien. Dann schräg in feine Streifen schneiden.

3 Die Bohnenstreifen im kochenden Wasser 5 Min. blanchieren, kalt abschrecken und abtropfen lassen. Die Frühlingszwiebeln putzen, gründlich waschen und mit dem zarten Grün in feine Ringe schneiden. Die Paprikahälfte waschen, putzen und in sehr feine Streifen schneiden. Den Knoblauch schälen und fein hacken.

4 Die Glasnudeln abtropfen lassen und mit einer Küchenschere etwas kleiner schneiden. Die Mu-Err-Pilze ebenfalls abtropfen lassen und die zähen Stiele abschneiden. Die Pilze in Streifen schneiden.

5 Das Öl in einer Pfanne erhitzen. Die Pilze, die Bohnen und die Zwiebeln darin bei mittlerer Hitze unter Rühren 2 Min. braten. Knoblauch und Paprikastreifen dazugeben und kurz mitbraten. Glasnudeln ebenfalls kurz mitbraten, dann alles in eine Salatschüssel füllen.

6 Den Limettensaft mit dem Sherry, dem Zucker und dem Sambal oelek verrühren und unter den Salat mischen. Die Korianderblättchen waschen und abzupfen. Den Salat vor dem Servieren nochmals mit Salz und eventuell etwas Limettensaft abschmecken, dann mit dem Koriander bestreut servieren.

TIP!

Sie können den Glasnudelsalat sehr gut vorbereiten und beispielsweise in doppelter oder dreifacher Menge für ein Buffet zubereiten. Allerdings saugt er beim Ruhen Flüssigkeit auf, Sie müssen also vor dem Servieren noch etwas heißes Wasser und eventuell ein wenig Limettensaft unterrühren, damit die Nudeln nicht zu sehr zusammenkleben.

Im Bild vorne: Reisnudelsalat mit Lamm und Sesam
Im Bild hinten: Glasnudelsalat mit Mu-Err-Pilzen

Schnelle Pasta

Schon allein durch das immense Angebot an unterschiedlich geformten, langen oder kurzen Nudeln kommt in der Nudelküche niemals Langeweile auf. Manche Nudeln eignen sich für bestimmte Saucen oder Zubereitungsarten jedoch besonders gut, deshalb finden Sie nachfolgend einen groben Überblick über die wichtigsten Sorten.

Spaghetti & Co.: die Langen

Sie sind etwa 30 cm lang und werden in unterschiedlicher Dicke angeboten. Spaghettini sind die dünnsten, gefolgt von den berühmtesten Nudeln: den Spaghetti. Andere lange Nudeln sind Linguine und Trenette, Tagliatelle, Fettuccine und Pappardelle – alles Bandnudeln von unterschiedlicher Breite. Makkaroni sind lange Röhrennudeln. Zu allen diesen Nudeln passen besonders gut einfache Saucen, beispielsweise eine schlichte Tomatensauce, Pesto oder Sahnesaucen, aber auch nur Öl und Knoblauch (siehe Seite 17), Butter und geriebener Parmesan.

Penne, Fusilli, Farfalle: die Dicken

Sie sind nicht nur dicker, sondern auch kürzer. Außerdem haben sie häufig eine nicht ganz glatte Oberfläche – Rillen oder Einbuchtungen, so daß Saucen an ihnen sehr gut haften bleiben. Diese kleinen Nudeln schmekken in Suppen besonders gut.

Die Asiatischen

In Asien sind Nudeln mindestens so beliebt wie bei uns.

- Glasnudeln schmecken kalt und warm. Sie bestehen aus der Stärke von Sojabohnen oder Mungobohnen und Wasser. Sie werden wieder weich, wenn man sie in Wasser einweicht. Nach dem Einweichen werden sie oft mit einer Küchenschere etwas kleinergeschnitten.
- Reisnudeln bestehen aus Reismehl und Wasser, es gibt sie spaghettidünn, aber auch breit. Man weicht sie ein oder kocht sie 3–4 Min. in Wasser.
- Chinesische Eiernudeln werden aus Weizenmehl mit oder ohne Ei hergestellt. Es gibt sie auch als Instant-Produkt, das in Minutenschnelle gar ist.

Bunt darf es sein

Viele Nudelsorten werden auch bunt angeboten. Grüne sind in der Regel mit Spinat, vollwertige auch einmal mit Brennesselsaft gefärbt. Rote Nudeln gibt es mit Tomaten oder roter Bete, aber auch mit pikanter Peperonifärbung, schwarze wurden mit Tintenfischtinte eingefärbt.

Die Vollwertigen

Im Naturkosthandel gibt es zahlreiche Pastavariationen aus dem vollen Korn. Man kann wählen zwischen Weizenvollkorn- oder Dinkelnudeln, Weizenkeim-, Hirse- oder Sojanudeln, um nur einige zu nennen. Probieren Sie einfach einige Sorten durch, bis Sie Ihre Lieblingsmarke gefunden haben.

Blitzrezepte

Für manche schnellen Gerichte braucht man kein komplettes Rezept, sondern nur die Mengenangaben. Hier sind sie:

- Aglio e olio

100 ml Olivenöl mit 3–5 feingehackten Knoblauchzehen und Streifen von 1 roten Chilischote langsam erwärmen (aber nicht zu heiß werden lassen, sonst verbrennt der Knoblauch und wird bitter). Gegarte Nudeln nur kurz abtropfen lassen, damit mischen, salzen und pfeffern.

- Mit getrockneten Tomaten

10 getrocknete, in Öl eingelegte Tomaten in kleine Würfel schneiden. 2 EL Pinienkerne in 4–5 EL Olivenöl goldgelb rösten. 1 Bund Basilikum und die Tomaten dazugeben, erwärmen, mit Spaghetti oder Linguine mischen.

- Mit Rucola

1 großes Bund feingehackten Rucola, 1 EL Zitronensaft, 2 durchgepreßte Knoblauchzehen und 5 EL Olivenöl in einer vorgewärmten Schüssel mischen. Mit Salz und Pfeffer würzen. Heiße Spaghetti oder Linguine untermischen und mit Parmesanspänen bestreuen.

Käse zum Reiben

Eigentlich passen nur zwei italienische Sorten wirklich gut zur Pasta: Parmesan oder Grana Padana und Pecorino. Parmesan ist länger gereift und härter als Grana und schmeckt daher noch würziger. Pecorino gibt es in unterschiedlichen Reifegraden zu kaufen, zum Reiben brauchen Sie aber in jedem Fall einen älteren und daher harten Käse.

Eine kleine Nudelauswahl: 1 Farfalle, 2 Fusilli, 3 Spaghetti, 4 Linguine, 5 Conchiglione, 6 Cannelloni, 7 Tagliatelle, 8 Pappardelle, 9 Reisnudeln, 10 Glasnudeln, 11 chinesische Eiernudeln, 12 Paglia e fieno (grüne und gelbe Bandnudeln), 13 selbstgemache Bandnudeln, 14 Ravioli, 15 Penne, 16 Trulli, 17 Orecchiette, 18 türkische Reisnudeln, 19 Tortellini, 20 Lasagneblätter

Spaghetti mit Gemüse-Fisch-Julienne

- Raffiniert
- Gelingt leicht

Für 4 Personen:

1 Petersilienwurzel
1 Möhre
1 Stück Knollensellerie
1 dünne Stange Lauch
300 g Fischfilet (Seeteufel oder Kabeljau)
1 EL Zitronensaft
1 kleines Bund Dill
Salz
400 g Spaghetti
1 EL Butter
100 ml trockener Weißwein (ersatzweise Fischfond)
2 EL Crème fraîche
weißer Pfeffer

Zubereitungszeit: 25 Min.

Pro Portion ca.: 2190 kJ/525 kcal
27 g EW/8 g F/80 g KH

1 Die Petersilienwurzel, die Möhre und den Sellerie schälen und zuerst in dünne Scheiben, dann in sehr feine Streifen (Julienne) schneiden. Lauch putzen, der Länge nach aufschlitzen und sehr gründlich waschen, dann in feine Längsstreifen schneiden.

2 Fisch waschen, trockentupfen und ebenfalls in Streifen schneiden, mit dem Zitronensaft mischen. Dill waschen, Spitzen abschneiden, zum Fisch geben.

3 Für die Nudeln reichlich Salzwasser zum Kochen bringen. Die Nudeln im sprudelnd kochenden Wasser bißfest kochen.

4 Schon während das Wasser heiß wird, die Butter in einer Pfanne erhitzen. Das Gemüse darin unter Rühren bei mittlerer Hitze 5 Min. garen. Mit dem Wein aufgießen und weitere 3 Min. garen, bis das Gemüse bißfest ist. Fisch und Crème fraîche dazugeben, 1 Min. ziehen lassen, mit Salz und Pfeffer abschmecken.

5 Die Nudeln abgießen, in vorgewärmte Teller geben und mit der Sauce bedecken. Die Spaghetti sofort servieren.

TIP!

Besonders schnell sind die Gemüsejuliennes geschnitten, wenn Sie eine Küchenmaschine mit dem passenden Einsatz haben.
Auch eine Rohkostreibe erleichert die Arbeit.

Tagliatelle mit Forellenragout

- Für Gäste
- Gelingt leicht

Für 4 Personen:

2 dünne Stangen Lauch
2 Bund Rucola
1 Bund Petersilie
250 g geräucherte Forellenfilets
Salz
400 g Tagliatelle
1 EL Öl
125 g Sahne
1 EL Zitronensaft
Pfeffer

Zubereitungszeit: 30 Min.

Pro Portion ca.: 2465 kJ/590 kcal
29 g EW/18 g F/77 g KH

1 Den Lauch putzen, der Länge nach aufschlitzen und sehr gründlich waschen. Dann mit dem zarten Grün fein würfeln. Rucola und Petersilie waschen und fein hacken. Forellenfilets klein würfeln.

2 Für die Nudeln reichlich Salzwasser zum Kochen bringen. Die Tagliatelle darin nach Packungsaufschrift bißfest garen.

3 Schon während das Wasser heiß wird, das Öl in einem Topf erhitzen. Den Lauch darin anbraten. Den Rucola und die Petersilie kurz mitdünsten. Mit der Sahne aufgießen und bei schwacher Hitze 5–8 Min. dünsten, bis der Lauch bißfest ist.

4 Die Forellenfilets mit dem Zitronensaft dazugeben, mit einigen Eßlöffeln heißem Nudelkochwasser verdünnen und mit Salz und Pfeffer abschmecken.

5 Die Nudeln abgießen und in vorgewärmte Teller füllen. Das Forellenragout darauf verteilen.

VARIANTEN

Statt Forellenfilets können Sie für die Sauce auch mild geräucherten Lachs nehmen. Den Rucola können Sie durch 1 Handvoll feinen Blattspinat oder gemischte Kräuter ersetzen.

Im Bild vorne: Tagliatelle mit Forellenragout
Im Bild hinten: Spaghetti mit Gemüse-Fisch-Julienne

Linguine mit Safrantomaten

● Raffiniert
● Gelingt leicht

Für 4 Personen:

500 g Fleischtomaten
1 Bund Frühlingszwiebeln
Salz
400 g Linguine (oder Fusilli)
1 EL Olivenöl
2 EL Pinienkerne
1 Döschen gemahlener Safran
Pfeffer · 1 Prise Zucker

Zubereitungszeit: 20 Min.

Pro Portion ca.: 1875 kJ/450 kcal
16 g EW/8 g F/80 g KH

1 Stielansätze der Tomaten entfernen. Tomaten kurz überbrühen, häuten, halbieren und fein würfeln. Das Grün der Frühlingszwiebeln waschen und in Röllchen schneiden (den Rest der Zwiebeln für ein anderes Gericht oder einen Salat verwenden).

2 Für die Nudeln reichlich Salzwasser zum Kochen bringen. Die Nudeln darin nach Packungsaufschrift bißfest garen.

3 Inzwischen das Öl in einem Topf erhitzen. Pinienkerne darin unter Rühren goldgelb rösten. Die Frühlingszwiebelringe kurz mitbraten. Tomaten hinzufügen, mit Safran, Salz, Pfeffer und Zucker würzen und bei mittlerer Hitze 10 Min. köcheln lassen.

4 Die Nudeln abtropfen lassen und sofort mit der Sauce mischen. In vorgewärmten Tellern servieren. Dazu schmeckt fein zerkrümelter Schafkäse.

Orecchiette mit Tomatencreme

● Preiswert
● Vegetarisch

Für 4 Personen:

400 g Tomaten
1 Bund Frühlingszwiebeln
2 Knoblauchzehen · Salz
400 g Orecchiette (Öhrchenmuscheln)
1 EL Butter
150 g Crème fraîche
Pfeffer
1 Prise Zucker
1/2 Bund Basilikum

Zubereitungszeit: 20 Min.

Pro Portion ca.: 2420 kJ/580 kcal
16 g EW/22 g F/79 g KH

1 Stielansätze der Tomaten entfernen. Tomaten kurz überbrühen, häuten und vierteln. Frühlingszwiebeln putzen, gründlich waschen und mit dem zarten Grün in Ringe schneiden. Knoblauch schälen und hacken.

2 Für die Nudeln reichlich Salzwasser zum Kochen bringen. Nudeln darin nach Packungsaufschrift bißfest kochen.

3 Schon während das Wasser heiß wird, Butter in einem Topf schmelzen lassen. Zwiebeln und Knoblauch darin anbraten. Tomaten hinzufügen.

4 Crème fraîche einrühren, alles mit Salz, Pfeffer und Zucker würzen und bei mittlerer Hitze 10 Min. köcheln lassen.

5 Basilikum waschen, in Streifen schneiden. Nudeln abgießen, mit dem Basilikum unter die Sauce mischen.

Penne mit Thunfisch-sauce

● Preiswert
● Gelingt leicht

Für 4 Personen:

Salz · 400 g Penne
1 Dose Thunfisch (in Olivenöl; 150 g Inhalt)
1 Zwiebel
2 Knoblauchzehen
1 Bund Rucola
1 EL Olivenöl
1 kleine Dose geschälte Tomaten (400 g Inhalt)
Pfeffer
1 getrocknete Chilischote (nach Belieben)
1 EL Kapern

Zubereitungszeit: 20 Min.

Pro Portion ca.: 2210 kJ/530 kcal
27 g EW/11 g F/81 g KH

1 Reichlich Salzwasser zum Kochen bringen. Die Nudeln darin bißfest kochen.

2 Schon während das Wasser heiß wird, Thunfisch zerpflücken. Zwiebel und Knoblauch schälen und hacken. Rucola waschen und in feine Streifen schneiden.

3 Das Öl in einem Topf erhitzen. Zwiebel und Knoblauch darin unter Rühren anbraten. Rucola, Thunfisch und Tomaten hinzufügen, Tomaten mit einer Gabel zerdrücken.

4 Sauce mit Salz, Pfeffer und nach Belieben der zerkrümelten Chilischote würzen, Kapern untermischen und alles bei mittlerer Hitze 10 Min. köcheln lassen.

5 Nudeln abgießen und in vorgewärmte Teller geben. Thunfischsauce darauf verteilen. Nudeln sofort servieren.

Spaghetti alla puttanesca

● Raffiniert
● Gelingt leicht

Für 4 Personen:

6 eingelegte Sardellen
2 Knoblauchzehen
1 Chilischote
4 EL Olivenöl
1 1/2 Dosen geschälte Tomaten (600 g)
Salz
400 g Spaghetti
50 g Kapern
100 g schwarze Oliven

Zubereitungszeit: 30 Min.

Pro Portion ca.: 2140 kJ/510 kcal
16 g EW/12 g F/84 g KH

1 Die Sardellen fein hacken. Den Knoblauch schälen und ebenfalls sehr fein zerkleinern. Chilischote waschen, vom Stielansatz und den Kernen befreien und in Streifen schneiden.

2 Öl in einem Topf erhitzen. Sardellen mit Knoblauch und Chillie darin anbraten. Tomaten hinzufügen und mit einer Gabel zerdrücken. 10 Min. bei mittlerer Hitze köcheln lassen.

3 Gleichzeitig für die Nudeln reichlich Salzwasser zum Kochen bringen. Nudeln darin nach Packungsaufschrift bißfest garen.

4 Inzwischen Kapern unter die Sauce mischen. Oliven entsteinen, in Streifen schneiden und ebenfalls untermischen. Sauce vorsichtig salzen.

5 Nudeln abgießen, mit der Sauce mischen und servieren.

Gebratene Nudeln mit Paprika

- Gelingt leicht
- Gut vorzubereiten

Für 4 Personen:

Salz
400 g chinesische Eiernudeln
je 1 rote und gelbe Paprikaschote
150 g Mungobohnenkeimlinge
100 g Champignons
1 Bund Frühlingszwiebeln
1 Knoblauchzehe
1 Stück frischer Ingwer (etwa haselnußgroß)
einige Zweige Koriandergrün (ersatzweise Basilikum)
6 EL Erdnußöl (oder Sonnenblumenöl)
2 EL Reiswein (ersatzweise Wasser)
2 EL Sojasauce
Cayennepfeffer
1 EL Sesamsamen

Zubereitungszeit: 30 Min.

Pro Portion ca.: 2140 kJ/510 kcal
16 g EW/12 g F/84 g KH

1 In einem Topf reichlich Salzwasser zum Kochen bringen. Die Nudeln darin nach Packungsaufschrift garen, kalt abschrecken, abtropfen und abkühlen lassen.

2 Inzwischen die Paprikaschoten waschen, halbieren und putzen. Dann in schmale Streifen schneiden. Keimlinge in einem Sieb abspülen und abtropfen lassen. Pilze putzen und in Scheiben schneiden. Frühlingszwiebeln putzen, gründlich waschen und mit dem zarten Grün in feine Ringe schneiden. Knoblauch und Ingwer schälen und fein hacken. Koriander waschen und Blättchen abzupfen.

3 In einer Pfanne 2 EL Öl erhitzen. Die vorbereiteten Zutaten darin unter Rühren bei mittlerer Hitze 5 Min. garen.

4 In einer anderen Pfanne oder im Wok das restliche Öl erhitzen. Die Nudeln darin unter Rühren braten.

5 Das Gemüse mit Reiswein, Sojasauce, Salz und Cayennepfeffer abschmecken. Mit den Nudeln mischen, in eine vorgewärmte Schüssel geben und mit dem Sesam und Korianderblättchen bestreut servieren.

Nudeln mit Kohlrabi und Roquefortsauce

- Raffiniert
- Vegetarisch

Für 4 Personen:

1 Kohlrabi
1 EL Walnußkerne
1 Zwiebel
200 g Roquefortkäse
Salz
400 g Fusilli (Spiralnudeln)
1 EL Sonnenblumenöl
125 g Sahne
schwarzer Pfeffer
Muskatnuß, frisch gerieben
1 Bund Schnittlauch

Zubereitungszeit: 30 Min.

Pro Portion ca.: 2820 kJ/675 kcal
26 g EW/30 g F/76 g KH

1 Den Kohlrabi schälen und in kleine Würfel schneiden. Die zarten Kohlrabiblättchen waschen und hacken. Die Walnußkerne in Stücke brechen. Die Zwiebel schälen und sehr fein hacken. Den Käse in kleine Würfel schneiden.

2 Für die Nudeln reichlich Salzwasser zum Kochen bringen. Die Nudeln darin nach Packungsaufschrift bißfest kochen.

3 Schon während das Wasser heiß wird, das Öl in einer Pfanne erhitzen. Den Kohlrabi mit der Zwiebel und dem Kohlrabigrün darin unter Rühren bei mittlerer Hitze 6–8 Min. braten, bis er bißfest ist.

4 Die Walnußkerne, den Käse und die Sahne dazugeben, mit 1/2 Schöpfkelle Nudelkochwasser aufgießen und alles bei schwacher Hitze unter Rühren garen, bis der Käse geschmolzen und die Sauce dickflüssig ist. Mit Salz, Pfeffer und Muskat abschmecken. Den Schnittlauch waschen und in Röllchen schneiden.

5 Die Nudeln in ein Sieb abgießen, mit der Sauce mischen und mit dem Schnittlauch bestreut in vorgewärmten Tellern servieren.

VARIANTE

Gorgonzolasauce
200 g Gorgonzola klein würfeln. 1 Schalotte und 1 Knoblauchzehe schälen, fein hacken und in 1 EL Butter oder Öl glasig braten. 400 g Sahne und den Gorgonzola dazugeben und alles bei schwacher Hitze unter Rühren erwärmen, bis der Käse geschmolzen ist. Mit reichlich Pfeffer und wenig Salz abschmecken und zu grünen oder roten Bandnudeln servieren.

VARIANTE

Vier-Käse-Sauce mit grünem Pfeffer
Je 50 g Pecorinokäse, Fontinakäse, Roquefort und Mozzarella reiben oder würfeln. 1 gehackte Schalotte in 1 EL Butter oder Öl glasig braten. 1/4 l Gemüse- oder Hühnerbrühe mit dem Käse und 3 EL trockenem Weißwein (eventuell weglassen) dazugeben und bei schwacher Hitze schmelzen lassen, 1 TL eingelegte grüne Pfefferkörner dazugeben, die Sauce salzen.

TIP!

Saucen mit Käse müssen Sie immer bei sehr schwacher Hitze unter Rühren garen, damit der Käse schmelzen kann, ohne daß die Sauce anbrennt.

Im Bild vorne: Nudeln mit Kohlrabi und Roquefortsauce
Im Bild hinten: Gebratene Nudeln mit Paprika

Penne mit Rucolapesto

● Gut vorzubereiten
● Raffiniert

Für 4 Personen:

100 g Rucola
2 Knoblauchzehen
60 g Pecorinokäse
40 g Pinienkerne
40 g Sonnenblumenkerne
100 ml Olivenöl
1/2 TL abgeriebene Zitronenschale
Salz · Pfeffer
400 g Penne

Zubereitungszeit: 30 Min.

Pro Portion ca.: 3020 kJ / 720 kcal
23 g EW / 38 g F / 75 g KH

1 Für das Pesto den Rucola waschen, trockenschwenken und nur von den sehr groben Stielen befreien. Den Knoblauch schälen und grob zerkleinern. Den Pecorino von der Rinde befreien und würfeln.

2 Den Rucola mit dem Knoblauch, den Pinienkernen, den Sonnenblumenkernen, dem Pecorino und dem Olivenöl im Mixer oder in der Küchenmaschine zu einer feinen Paste zerkleinern. (Wer keines der Geräte hat, zerstößt Rucola und Knoblauch mit den Kernen im Mörser zu einer feinen Paste. Den Käse frisch reiben und mit dem Öl untermischen.)

3 Rucolapesto mit Zitronenschale, Salz und Pfeffer abschmecken.

4 Für die Nudeln reichlich Salzwasser zum Kochen bringen. Die Nudeln darin nach Packungsaufschrift bißfest garen.

5 Inzwischen eine Schüssel vorwärmen. Pesto in der Schüssel mit 3–4 EL heißem Nudelkochwasser cremig rühren.

6 Die Nudeln in einem Sieb abgießen, mit dem Rucolapesto gründlich mischen und sofort in vorgewärmten Tellern servieren. Dazu eventuell noch etwas frisch geriebenen Käse reichen.

Fettuccine mit grün-weißer Sauce

- Preiswert
- Gelingt leicht

Für 4 Personen:

1 Zucchino
4 Frühlingszwiebeln
1/2 Bund Majoran
Salz
400 g Fettuccine
2 EL Olivenöl
Pfeffer
Muskatnuß, frisch gerieben
150 g weicher Ricotta (italienischer Frischkäse)

Zubereitungszeit: 25 Min.

Pro Portion ca.: 2110 kJ/505 kcal
19 g EW/10 g F/84 g KH

1 Den Zucchino waschen und putzen. Der Länge nach in dünne Scheiben, dann in feine Streifen schneiden. Die Frühlingszwiebeln putzen und gründlich waschen. Das dunkle Grün abschneiden, die Frühlingszwiebeln ebenfalls der Länge nach in feine Streifen teilen. Den Majoran waschen, die Blättchen abzupfen.

2 Für die Nudeln reichlich Salzwasser zum Kochen bringen. Die Nudeln darin nach Packungsaufschrift bißfest kochen.

3 Inzwischen das Öl in einer Pfanne erhitzen. Die Zucchini- und die Zwiebelstreifen mit dem Majoran darin unter Rühren in 5 Min. bißfest garen. 4–5 EL Nudelkochwasser untermischen, die Sauce mit Salz, Pfeffer und Muskat abschmecken und auf der abgeschalteten Kochplatte warm halten, bis die Nudeln gar sind. Dann den Ricotta unterrühren.

4 Die Nudeln in ein Sieb abgießen und abtropfen lassen. In die Pfanne geben und alles gründlich mischen. In vorgewärmten Tellern servieren.

TIP!

Um Teller für Nudeln vorzuwärmen, müssen Sie nicht extra den Backofen anheizen. Es genügt, wenn Sie das Spülbecken mit heißem Wasser füllen und die Teller hineingeben.

Tagliatelle in Zitronensauce

● Raffiniert
● Vegetarisch

Für 4 Personen:

300 g Zuckerschoten
Salz
1 Zwiebel
2 Knoblauchzehen
1 unbehandelte Zitrone
400 g Tagliatelle
1 EL Butter
200 g Sahne
weißer Pfeffer
Cayennepfeffer

Zubereitungszeit: 25 Min.

Pro Portion ca.: 2400 kJ/575 kcal
78 g EW/20 g F/83 g KH

1 Die Zuckerschoten waschen und von den Enden befreien. In einem Topf reichlich Salzwasser zum Kochen bringen. Die Zuckerschoten darin 2 Min. blanchieren, mit einer Schaumkelle herausheben und kalt abschrecken (Wasser nicht abgießen, sondern zum Nudelkochen nehmen).

2 Zwiebel und Knoblauch schälen und fein hacken. Zitrone heiß waschen und abtrocknen. Die Schale dünn abschneiden und sehr fein hacken, 1 Zitronenhälfte auspressen.

3 Die Nudeln im Gemüsekochwasser nach Packungsaufschrift bißfest kochen.

4 Gleichzeitig die Butter in einem Topf erhitzen. Zwiebel und Knoblauch darin glasig braten. Zitronenschale und 1 EL Saft dazugeben. Mit der Sahne aufgießen, diese bei mittlerer Hitze cremig einkochen lassen.

5 Zuckerschoten unter die Zitronensauce mischen, Sauce mit Salz, Pfeffer und Cayennepfeffer abschmecken.

6 Die Nudeln abgießen, mit der Sauce in einer vorgewärmten Schüssel mischen. Sofort mit Pecorino servieren.

VARIANTEN

Statt Zuckerschoten schmecken Erbsen, gebratene Pilze oder blanchierte Mangoldstreifen. Auch kleine Lachswürfel oder Scampi passen gut in die Zitronensauce.
Abwechslung bringen auch grüne oder rote Nudeln.

TIP!

Die Sahne muß sehr frisch sein, damit sie durch den Zitronensaft nicht gerinnt. Sie können auch Crème fraîche nehmen.

Fettuccine mit Spinat-Scampi-Sauce

● Raffiniert
● Für Gäste

Für 4 Personen:

Salz
300 g Blattspinat
250 g geschälte, ungegarte Scampi
2 Schalotten
400 g Fettuccine
1 EL Olivenöl
1 TL Fenchelsamen
50 ml trockener Weißwein (ersatzweise Fischfond)
2 EL Crème fraîche
Pfeffer
1 Prise Cayennepfeffer

Zubereitungszeit: 30 Min.

Pro Portion ca.: 2065 kJ/495 kcal
29 g EW/7 g F/76 g KH

1 Salzwasser aufkochen lassen. Den Spinat verlesen, von den dicken Stielen befreien und in stehendem kaltem Wasser mehrmals gründlich waschen.

2 Den Spinat dann im kochenden Wasser in 2 Min. zusammenfallen lassen. (Wenn Sie die Nudeln im Spinatwasser garen wollen, gießen Sie das Wasser in einen anderen Topf ab.) Den Spinat kalt abschrecken, gut ausdrücken und hacken. Scampi waschen und in etwa 1/2 cm große Stükke schneiden. Schalotten schälen und fein hacken.

3 Fettuccine in reichlich kochendem Salzwasser oder im Blanchierwasser nach Packungsaufschrift bißfest garen.

4 Inzwischen das Öl in einem Topf erhitzen. Schalotten mit Fenchelsamen darin anbraten. Scampi mitbraten, bis sie sich rötlich gefärbt haben. Spinat untermischen, mit Wein und Crème fraîche ablöschen, eventuell etwas einkochen lassen. Mit Salz, Pfeffer und Cayennepfeffer abschmecken.

5 Nudeln abgießen, mit der Sauce mischen und in vorgewärmten Tellern servieren.

VARIANTEN

Statt Scampi schmeckt auch Lachs.
Noch raffinierter wird die Sauce mit 2 TL Anisschnaps zusätzlich zum Wein.

Im Bild vorne: Fettuccine mit Spinat-Scampi-Sauce
Im Bild hinten: Tagliatelle in Zitronensauce

Nudeln mit Kräutern und Schinken

- Preiswert
- Gelingt leicht

Für 4 Personen:

1 Bund gemischte Kräuter
1 Bund Rucola
2 Knoblauchzehen
150 g gekochter Schinken
Salz
400 g Spaghetti
4 EL Olivenöl
100 ml trockener Weißwein (ersatzweise Nudelkochwasser)
weißer Pfeffer
Muskatnuß, frisch gerieben
frisch geriebener Parmesan zum Servieren

Zubereitungszeit: 20 Min.

Pro Portion ca.: 2260 kJ/540 kcal
23 g EW/17 g F/72 g KH

1 Kräuter und Rucola waschen, trockenschwenken und von den groben Stielen befreien, dann fein hacken. Den Knoblauch schälen und ebenfalls fein hacken. Den Schinken vom Fettrand befreien und in feine Streifen schneiden.

2 Für die Nudeln in einem großen Topf reichlich Salzwasser zum Kochen bringen. Die Nudeln darin nach Packungsaufschrift bißfest kochen.

3 Inzwischen 2 EL Öl in einer Pfanne erhitzen. Den Schinken darin anbraten, dann die Kräuter und den Knoblauch unter Rühren einige Minuten mitbraten. Mit dem Wein ablöschen, mit Salz, Pfeffer und Muskat abschmecken und ziehen lassen, bis die Nudeln fertig sind.

4 Die Nudeln in ein Sieb abgießen und in die Pfanne zum Schinken geben. Alles gründlich verrühren, dann in einer vorgewärmten Schüssel mit dem übrigen Öl mischen und sofort mit Käse servieren.

TIP!

Gemischte Kräuter gibt es auf dem Wochenmarkt im Bund zu kaufen. Falls einmal keiner im Angebot ist, mischen Sie die Kräuter selbst: Zitronenmelisse, Dill, Basilikum, Petersilie und Majoran oder Borretsch.

Nudeln mit Zwiebel-Kalb-Sauce

- Raffiniert
- Gelingt leicht

Für 4 Personen:

250 g Zwiebeln
200 g Kalbsfilet
Salz
400 g Nudeln (Orecchiette, Fusilli oder Farfalle)
4 grüne Spargelstangen
2 EL Olivenöl
1/8 l trockener Weißwein (ersatzweise Kalbsfond)
2 TL Aceto Balsamico (Balsamessig)
Pfeffer
1 Frühlingszwiebel

Zubereitungszeit: 25 Min.

Pro Portion ca.: 2120 kJ/505 kcal
22 g EW/10 g F/76 g KH

1 Die Zwiebeln schälen, halbieren und quer in feine Streife schneiden. Das Kalbsfilet zuerst quer zur Fleischfaser in dünne Scheiben, dann in Streifen schneiden.

2 Für die Nudeln reichlich Salzwasser zum Kochen bringen. Die Nudeln darin nach Packungsaufschrift bißfest garen.

3 Schon während das Wasser heiß wird, den Spargel waschen und vom unteren Drittel befreien. Den Spargel in etwa 2 cm lange Stücke schneiden. Die Spargelstücke in kochendem Salzwasser 5 Min. blanchieren (oder in den letzten Minuten mit den Nudeln), kalt abschrecken und abtropfen lassen.

4 Gleichzeitig Öl in einer Pfanne erhitzen. Das Fleisch darin bei starker Hitze anbraten und wieder herausnehmen. Zwiebeln im Bratfett unter Rühren anbraten. Mit dem Wein und dem Essig ablöschen, mit Salz und Pfeffer würzen und zugedeckt 5 Min. schmoren lassen.

5 Inzwischen Frühlingszwiebel putzen, gründlich waschen und mit dem zarten Grün in sehr feine Ringe schneiden.

6 Nudeln abtropfen lassen, mit dem Fleisch und dem Spargel in die Pfanne zu den Zwiebeln geben und nochmals gut erhitzen. Die Nudeln in vorgewärmte Teller geben und mit den Frühlingszwiebelringen bestreut servieren.

Sanft geschmort

Geschmorte Nudelsaucen werden besonders aromatisch und kräftig. Da lohnt es sich dann schon einmal, die Nudeln dazu selbst zu machen.

Nudeln selbst gemacht

Das braucht zwar etwas Zeit, aber es geht ganz einfach und gelingt auch Ungeübten. Die Anleitung dazu finden Sie auf Seite 31. Hier stellen wir Ihnen bunte Nudeln vor.

Teigvarianten

- Gelben Teig bekommen Sie, wenn Sie mit den Eiern 1 Döschen gemahlenen Safran dazugeben.
- Orange wird er, wenn Sie 2 EL Tomatenmark unterkneten. Dann 1 Ei weniger nehmen.
- Rot wird der Teig, wenn Sie 1 kleine rote Bete kochen, schälen und fein pürieren. Dann mit nur 2 Eiern unter den Teig mischen, eventuell etwas mehr Mehl einarbeiten.
- Grün wird der Teig mit Spinat: 200 g feinen Blattspinat blanchieren, kalt abschrecken und abtropfen lassen. Mit den Händen sehr gut ausdrücken und den Spinat fein pürieren oder ganz fein zerkleinern. Mit nur 2 Eiern unter das Mehl mischen. Eventuell noch etwas mehr Mehl dazugeben, je nach Feuchtigkeit des Spinats.
- Grün und aromatisch wird der Teig mit gemischten Kräutern statt Spinat. Diese wie den Spinat vorbereiten.
- Kaum gefärbt, aber sehr schmackhaft wird der Teig mit 10–20 g getrokkneten, eingeweichten und sehr fein zerkleinerten Steinpilzen.
- Oder aber 1–2 getrocknete Chilischoten im Mörser sehr fein zerstoßen und unter den Teig arbeiten.

Grundrezept für selbstgemachte Nudeln (für 4–6 Personen):

Dieses Rezept klappt mit Auszugsmehl am besten. Für Vollkornnudeln finden Sie Tips ganz rechts.

1 400 g Mehl (eventuell bis zur Hälfte durch Hartweizengrieß ersetzen) in einer Schüssel mit 4 Eiern, 1/2 TL Salz und 1 EL Olivenöl zu einem glatten Teig verkneten. Er soll geschmeidig sein, aber nicht an den Fingern kleben. Bei Bedarf noch etwas Mehl oder auch 1 zusätzliches Eigelb dazugeben.

2 Den Teig dann auf der Arbeitsfläche mit den Händen noch einmal 5 Min. lang kräftig durchkneten, bis er glänzt und sehr glatt ist. In Pergamentpapier wickeln und bei Zimmertemperatur 30 Min. ruhen lassen.

3 Nach der Ruhezeit den Teig noch einmal kräftig durchkneten, dann in Portionen teilen. Den Teig, der gerade nicht verarbeitet wird, wieder ins Papier wickeln oder mit einem feuchten Tuch abdecken. Er trocknet sonst an der Oberfläche aus und läßt sich nicht mehr so gut verarbeiten.

4 Den Teig dünn ausrollen. Das geht auf der leicht bemehlten Arbeitsfläche mit dem Nudelholz, aber noch besser mit der Nudelmaschine. Dafür den Teig zuerst durch die weiteste Walzenöffnung drehen. Immer wieder dreifach zusammenklappen und erneut – mit einer offenen Seite voran – durchdrehen. Dabei die Walze langsam enger stellen, bis eine schön dünne Teigplatte entstanden ist. Den restlichen Teig ebenso ausrollen.
Wer den Teig mit dem Nudelholz ausrollen will, sollte etwas Geduld aufbringen und ihn wirklich dünn ausrollen. Wenn die Nudeln zu dick geraten, schmecken sie nicht gut.

5 Den Teig nun in der Nudelmaschine zu Spaghetti oder Bandnudeln formen. Oder mit einem Messer zu beliebigen Nudeln schneiden. Dazu die Teigplatte mit Mehl bestäuben, locker aufrollen und dann schneiden.

6 Die Nudeln auf bemehlten Küchentüchern ausbreiten und einige Stunden trocknen lassen. Dabei immer wieder wenden, damit sie gleichmäßig trocknen.

7 Die Nudeln dann in reichlich sprudelnd kochendem Salzwasser bißfest garen. Je nach Trockenzeit brauchen sie 1–3 Min. Garzeit.

Variante mit Vollkornmehl

Für Nudelteig mit Vollkornmehl brauchen Sie etwas mehr Flüssigkeit, weil Vollkornmehl stärker aufquillt. Entweder Sie geben 1 Eigelb zusätzlich an den Teig, oder aber Sie mischen etwas Wasser darunter.
Sie können ein Drittel bis die Hälfte (auch des Auszugsmehls) durch andere Mehlsorten, wie zum Beispiel Buchweizenmehl, fein gemahlenen Grünkern, Hirse, Hafer oder Roggen ersetzen.

Variante ohne Ei

150 g Mehl und 150 g Hartweizengrieß mit 1 gestrichenen TL Salz und etwa 1/8 l lauwarmem Wasser sehr gründlich verkneten. Dann den Teig 1 Std. ruhen lassen.

Nudeln für den Vorrat

Hierfür müssen die Nudeln auf Küchentüchern ausgebreitet völlig trocknen. Dabei immer wieder wenden. Erst, wenn die Nudeln brüchig werden, sind sie trocken genug. In großen Gläsern gut verschlossen aufbewahren.

Pappardelle mit Lammragout

- Braucht etwas Zeit
- Gut vorzubereiten

Die breitesten aus der Bandnudelfamilie – Pappardelle – schmecken am besten mit saftigen Fleischragouts aus Lamm, Hase, Ente oder auch einmal Wildschwein. Ersetzen lassen sie sich durch andere kräftige Nudeln, zum Beispiel Makkaroni oder auch Penne.

Für 4 Personen:

- **350 g Lammfleisch (aus der Keule)**
- **1 Zwiebel**
- **2 Knoblauchzehen**
- **1 Stange Staudensellerie**
- **1 Möhre**
- **1 Fleischtomate**
- **je einige Zweige frischer Rosmarin, Majoran und Salbei**
- **1/2 Bund Basilikum**
- **4 EL Olivenöl**
- **2 EL Pinienkerne**
- **100 ml trockener Weißwein (ersatzweise Wasser)**
- **100 ml Fleischbrühe**
- **Salz · schwarzer Pfeffer**
- **400 g Pappardelle (breite Nudeln, möglichst selbst gemacht, Seite 31)**

Vorbereitungszeit: 25 Min.
Garzeit: 2 Std.

Pro Portion ca.: 2490 kJ/595 kcal
26 g EW/27 g F/60 g KH

1 Das Lammfleisch von großen Fettstücken und den Sehnen befreien und in kleine Würfel schneiden. Die Zwiebel und den Knoblauch schälen und fein hacken. Den Sellerie waschen, putzen und in Scheiben schneiden. Die Möhre schälen und klein würfeln. Den Stielansatz der Tomate entfernen. Die Tomate kurz überbrühen, häuten und klein würfeln.

2 Die Kräuter waschen, trockenschwenken und abzupfen. Einige Basilikumblättchen zum Bestreuen beiseite legen, die restlichen Kräuter fein zerkleinern.

3 Die Hälfte vom Öl in einem Schmortopf erhitzen. Das Fleisch darin bei starker Hitze in zwei Portionen anbraten, dann alles Fleisch in den Topf geben. Die Zwiebel und den Knoblauch dazugeben und unter Rühren anbraten. Den Sellerie, die Möhre, die Kräuter und die Pinienkerne mitbraten. Die Tomate untermischen, mit Wein und Brühe ablöschen. Mit Salz und Pfeffer würzen.

4 Das Ragout zugedeckt bei schwacher Hitze 2 Std. schmoren. Dabei immer wieder durchrühren, am Schluß eventuell bei starker Hitze unter Rühren etwas einkochen lassen.

5 Für die Nudeln reichlich Salzwasser zum Kochen bringen. Die Nudeln darin nach Packungsaufschrift bißfest garen.

6 Die Nudeln in ein Sieb abgießen, mit dem restlichen Öl mischen und in vorgewärmte Teller verteilen. Das Lammragout darauf verteilen, mit dem übrigen Basilikum garnieren und sofort servieren. Dazu frisch geriebenen Pecorinokäse reichen.

TIP!

Sanft geschmorte Ragouts schmecken nochmal so gut, wenn man sie am nächsten oder übernächsten Tag aufwärmt.

VARIANTE

Hasenragout

Ein Klassiker aus der Toskana sind Pappardelle mit Hasenragout. Dafür 600 g Wildhasenstücke mit 1 Hühnerleber in eine Schüssel geben und mit einer Marinade aus 1/4 l Rotwein, 3 EL Essig, 5 Zweigen frischem Rosmarin, 3 Lorbeerblättern, 3 Wacholderbeeren und 1 TL Pfefferkörnern mischen. Am nächsten Tag das Fleisch trockentupfen. In 3–4 EL Olivenöl portionsweise anbraten und wieder herausnehmen. 3 gewürfelte Stangen Sellerie, 1 gehackte Zwiebel, 2 Knoblauchzehen und die Nadeln von 2 Zweigen Rosmarin im Bratfett anbraten. Fleisch dazugeben. 3 gehäutete, gewürfelte Tomaten und 1/8 l gesiebte Marinade dazugeben. Mit Salz und Pfeffer würzen, 1 Std. schmoren. Dann das Fleisch von den Knochen lösen, wieder in die Sauce geben und mit Pappardelle servieren.

Penne mit Hühner-Curry-Sauce

- Gelingt leicht
- Für Gäste

Für 4 Personen:

Salz
250 g Hühnerbrustfilets
2 Frühlingszwiebeln
150 g breite Bohnen
100 g Kirschtomaten
1 EL Butterschmalz
1/8 l Hühnerbrühe
1 EL Currypulver
schwarzer Pfeffer
1/2 TL Kurkuma (Gelbwurz)
400 g Penne
50 g Crème fraîche
1 TL Zitronensaft
1/2 Bund Basilikum

Zubereitungszeit: 45 Min.

Pro Portion ca.: 2245 kJ/540 kcal 29 g EW/12 g F/78 g KH

1 Reichlich Salzwasser zum Kochen bringen. Die Hühnerbrustfilets kalt abspülen, mit Küchenpapier trockentupfen und in Würfel schneiden. Die Frühlingszwiebeln putzen, gründlich waschen und mit dem zarten Grün in feine Ringe schneiden. Die Bohnen waschen, von den Enden befreien und schräg in etwa 1 cm breite Streifen schneiden.

2 Die Bohnen im kochenden Wasser 5 Min. blanchieren, kalt abschrecken und abtropfen lassen. Tomaten waschen und halbieren.

3 Das Butterschmalz in einer Pfanne erhitzen. Das Hühnerfleisch darin rundherum kräftig anbraten. Die Frühlingszwiebeln und die Bohnen mitbraten. Mit der Hühnerbrühe aufgießen, mit dem Currypulver, Salz, Pfeffer und Kurkuma würzen und zugedeckt bei schwacher Hitze 15 Min. schmoren lassen.

4 Inzwischen für die Nudeln reichlich Wasser mit 1 kräftigen Prise Salz zum Kochen bringen. Die Nudeln darin nach Packungsaufschrift bißfest kochen.

5 Die Crème fraîche und die Tomaten unter das Hühnerragout mischen, mit Zitronensaft und eventuell noch Salz und Pfeffer würzen. Basilikum waschen, die Blättchen in Streifen schneiden.

6 Die Nudeln abtropfen lassen und in vorgewärmte Teller geben. Mit Hühnerragout bedecken und mit Basilikum bestreut servieren.

Reisnudeln mit würzigem Entenragout

- Gut vorzubereiten
- Für Gäste

Für 4 Personen:

10 Stiele Koriandergrün
3 Knoblauchzehen
Salz · schwarzer Pfeffer
2 EL Sojasauce
2 EL Honig
1 Flugentenbrust (etwa 350 g)
300 g breite Reisnudeln
1 Bund Frühlingszwiebeln
1 Stück frischer Ingwer (etwa haselnußgroß)
100 g breite grüne Bohnen
2 rote Chilischoten
3 EL Erdnußöl (oder Sonnenblumenöl)
1 Bund Schnittlauch
2 EL Fischsauce (Asienladen)

Zubereitungszeit: 40 Min.
Marinierzeit: 1 1/2 Std.

Pro Portion ca.: 1870 kJ/445 kcal 20 g EW/19 g F/47 g KH

1 Den Koriander waschen und die Blättchen sehr fein hacken. Den Knoblauch schälen und durch die Presse drücken. Koriander und Knoblauch mit Salz, Pfeffer, Sojasauce und Honig verrühren. Die Entenbrust kalt abspülen und trockentupfen. Das Fleisch von beiden Seiten mit der Paste bestreichen und 2 Std. marinieren.

2 Nach 1 1/2 Std. die Nudeln in reichlich lauwarmem Wasser 30 Min. einweichen.

3 Frühlingszwiebeln putzen, gründlich waschen und mit dem zarten Grün in feine Ringe schneiden. Den Ingwer schälen und in feine Streifen schneiden. Die Bohnen waschen, von den Enden befreien und schräg in etwa 2 cm breite Stücke schneiden. Die Chilischoten waschen, vom Stielansatz und den Kernen mit den Trennwänden befreien. Dann nochmals kalt abspülen und fein hacken.

4 In einer Pfanne die Hälfte vom Öl erhitzen. Die Entenbrust abtropfen lassen und im Öl bei starker Hitze erst auf der Hautseite, dann auf der anderen Seite kräftig anbraten. Das ausgebratene Fett abgießen, etwa 100 ml warmes Wasser angießen und die Entenbrust darin bei schwacher Hitze zugedeckt 20 Min. schmoren.

5 Inzwischen die Bohnen in kochendem Salzwasser 5 Min. blanchieren, kalt abschrecken und abtropfen lassen.

6 Das restliche Öl in einer Pfanne erhitzen. Frühlingszwiebeln mit Ingwer und Chillie darin unter Rühren 2–3 Min. braten. Bohnen kurz mitbraten. Die Pfanne vom Herd ziehen.

7 Schnittlauch waschen und in etwa 4 cm lange Stücke schneiden. Nudeln abtropfen lassen. Entenbrust aus dem Topf nehmen und in schmale Scheiben schneiden.

8 Alles zum Gemüse in die Pfanne geben und gründlich miteinander verrühren. Die Garflüssigkeit, Fleischmarinade und die Fischsauce angießen und alles 3–4 Min. bei mittlerer Hitze garen, bis die Nudeln bißfest sind. Eventuell noch etwas Wasser dazugeben. Heiß servieren.

TIP!

Wer möchte, kann die Entenbrust schon am Vorabend marinieren und über Nacht kühl stellen.

Im Bild vorne: Penne mit Hühner-Curry-Sauce
Im Bild hinten: Reisnudeln mit würzigem Entenragout

Penne mit Auberginen-Radicchio-Ragout

- Gelingt leicht
- Vegetarisch

Für 4 Personen:

1 Aubergine (etwa 300 g)
1 Kopf Radicchio (etwa 140 g)
1 Zwiebel
2 Knoblauchzehen
einige Zweige frischer Rosmarin
1 Fleischtomate
3 EL Olivenöl
150 ml trockener Weißwein (oder Gemüsebrühe)
Salz · schwarzer Pfeffer
1 Prise Zucker
400 g Penne
100 g milder Schafkäse

Zubereitungszeit: 45 Min.

Pro Portion ca.: 2045 kJ/490 kcal
17 g EW/17 g F/64 g KH

1 Die Aubergine waschen und vom Stielansatz befreien, dann in kleine Würfel schneiden. Den Radicchio in die einzelnen Blätter zerlegen, waschen und in Streifen schneiden. Die Zwiebel und den Knoblauch schälen und fein hacken. Den Rosmarin waschen, die Nadeln abzupfen und grob hacken. Tomate kurz überbrühen, häuten und vierteln, dann sehr fein würfeln.

2 Das Öl in einem Topf erhitzen. Die Auberginenwürfel darin unter Rühren kräftig anbraten. Die Zwiebel, den Knoblauch und den Radicchio mitbraten. Mit dem Weißwein und der Tomate ablöschen, mit dem Rosmarin, Salz, Pfeffer und dem Zucker würzen und zugedeckt bei schwacher Hitze 30 Min. schmoren, bis die Aubergine sehr weich ist. Dabei eventuell noch etwas Wasser dazugeben.

3 Für die Nudeln reichlich Wasser mit 1 kräftigen Prise Salz zum Kochen bringen. Die Nudeln darin nach Packungsaufschrift bißfest kochen.

4 Den Schafkäse zerkrümeln. Die Nudeln abgießen, mit der Sauce mischen und sofort in vorgewärmte Teller geben. Mit dem Schafkäse bestreut servieren.

Tagliatelle mit Artischocken und Pilzen

● Raffiniert
● Vegetarisch

Für 4 Personen:

20 g getrocknete Steinpilze
6 kleine Artischocken
2 EL Zitronensaft
2 Knoblauchzehen
1 Bund Petersilie
1 kleine Dose geschälte Tomaten (400 g Inhalt)
2 EL Olivenöl · Salz
Pfeffer · Cayennepfeffer
400 g Tagliatelle
frisch geriebener Pecorinokäse zum Servieren

Quellzeit: 30 Min.
Zubereitungszeit: 45 Min.

Pro Portion ca.: 2020 kJ/485 kcal
22 g EW/12 g F/80 g KH

1 Die Steinpilze in einem Schälchen in lauwarmem Wasser 30 Min. quellen lassen. Herausnehmen, abtropfen lassen und fein würfeln. Das Einweichwasser durch eine Filtertüte gießen und 100 ml abmessen.

2 Von den Artischocken so viele äußere Blätter abzupfen, bis sie an der unteren Hälfte hell werden. Die obere Hälfte der Artischocken abschneiden, den Stiel spitz zuschneiden. Artischocken der Länge nach achteln. Mit dem Zitronensaft mischen.

3 Den Knoblauch schälen und fein hacken. Die Petersilie waschen, die Blättchen fein hacken. Die Tomaten aus der Dose abtropfen lassen und grob zerschneiden (den Saft anderweitig verwenden).

4 Das Öl in einer Pfanne erhitzen. Die Artischokken darin unter Rühren bei mittlerer Hitze 5 Min. braten. Den Knoblauch, die Pilze und die Petersilie mitbraten.

5 Die Tomaten und das Pilzwasser hinzufügen. Alles mit Salz, Pfeffer und Cayennepfeffer würzen und das Ragout zugedeckt bei mittlerer Hitze 20 Min. schmoren.

6 Inzwischen für die Nudeln reichlich Salzwasser zum Kochen bringen. Die Nudeln darin nach Packungsaufschrift bißfest kochen.

7 Die Nudeln abgießen, mit dem Artischockenragout mischen und in vorgewärmten Tellern servieren. Dazu geriebenen Pecorino reichen.

Ragù alla bolognese

● Braucht etwas Zeit
● Gut vorzubereiten

Für 4 Personen:

1 Möhre
1 Stange Staudensellerie
50 g durchwachsener Räucherspeck
1 Zwiebel
2 Knoblauchzehen
2 Hühnerlebern
500 g Tomaten
2 EL Butter · 1 EL Olivenöl
300 g gemischtes Hackfleisch
1/8 l trockener Rotwein (ersatzweise Fleischbrühe)
1/8 l Fleischbrühe
Salz · Pfeffer

Zubereitungszeit: 2 Std.

Pro Portion ca.: 1650 kJ/395 kcal
21 g EW/28 g F/11 g KH

1 Die Möhre schälen, den Sellerie putzen, mit dem Speck fein würfeln. Zwiebel und Knoblauch schälen und fein hacken.

2 Die Hühnerlebern putzen, fein zerkleinern. Tomaten häuten, fein würfeln.

3 Butter und Öl erhitzen. Möhre, Sellerie, Zwiebel und Knoblauch darin anbraten. Speck mitbraten. Hackfleisch und Hühnerlebern dazugeben und anbraten.

4 Wein, Brühe und Tomaten dazugeben, alles mit Salz und Pfeffer abschmecken und zugedeckt bei schwacher Hitze 1 1/2 Std. schmoren. Dabei immer wieder durchrühren und eventuell noch etwas Brühe angießen. Das Ragout paßt zu allen kräftigen Nudeln, aber auch zu Spaghetti.

Kalbsragout mit Feigen

● Raffiniert
● Für Gäste

Für 4 Personen:

350 g Kalbfleisch (aus der Schulter)
1 Schalotte
1 Zweig frischer Rosmarin
5 Salbeiblätter
1 EL Olivenöl
1/8 l trockener Weißwein (ersatzweise Kalbsfond)
Salz · Pfeffer
4 frische Feigen
1 EL Butter
125 g Sahne
50 g frisch geriebener Parmesan

Vorbereitungszeit: 25 Min.
Garzeit: 45 Min.

Pro Portion ca.: 1335 kJ/320 kcal
19 g EW/20 g F/12 g KH

1 Das Kalbfleisch in kleine Würfel schneiden. Die Schalotte schälen und fein hacken. Die Kräuter waschen, von den Stielen zupfen und fein hacken.

2 Das Olivenöl in einem Topf erhitzen. Das Fleisch darin bei starker Hitze rundherum kräftig anbraten. Schalotte und Kräuter kurz mitbraten.

3 Mit dem Wein ablöschen, den Bratfond lösen. Das Fleisch mit Salz und Pfeffer würzen und zugedeckt bei schwacher Hitze 45 Min. schmoren.

4 Kurz vor Ende der Garzeit die Feigen schälen und in Achtel schneiden. Die Butter in einer Pfanne erhitzen. Die Feigen darin 1 Min. dünsten. Mit der Sahne und dem Käse mischen, das Kalbsragout untermischen. Es paßt am besten zu Tagliatelle oder Linguine.

Linsenragout

● Preiswert
● Gut vorzubereiten

Für 4 Personen:

100 g Knoblauchwurst
1 Bund Suppengrün
2 Tomaten
2 Knoblauchzehen
2 Zweige frischer Thymian
1 getrocknete rote Chilischote
1 EL Olivenöl
150 g kleine braune Linsen
350 ml Fleisch- oder Gemüsebrühe
Salz
2 EL Aceto Balsamico (Balsamessig)

Zubereitungszeit: 1 Std.

Pro Portion ca.: 1390 kJ/330 kcal
17 g EW/14 g F/38 g KH

1 Knoblauchwurst sehr fein würfeln. Suppengrün schälen, waschen und ebenfalls sehr fein würfeln. Tomaten häuten und fein würfeln. Knoblauch schälen und fein hacken. Thymian waschen, Blättchen von den Stielen streifen. Chillie zerkrümeln.

2 Öl in einem Topf erhitzen. Suppengrün mit Knoblauch, Knoblauchwurst und Thymian darin anbraten. Linsen mitbraten. Mit Tomaten und Chillie mischen. Brühe angießen.

3 Das Ragout zugedeckt bei mittlerer Hitze 40 Min. garen, bis die Linsen weich sind. Dabei gelegentlich durchrühren und eventuell Wasser zugeben.

4 Das Linsenragout mit Salz und Essig abschmecken. Es schmeckt zu Orecchiette, zu kurzen Makkaroni oder zu Rigatoni.

Tintenfisch-Ragout

● Raffiniert
● Gelingt leicht

Für 4 Personen:

300 g küchenfertiger Tintenfisch
200 g Tomaten
2 Knoblauchzehen
1 Bund Basilikum
1 EL Olivenöl
75 ml trockener Weißwein (oder Fischfond)
Salz
Pfeffer
150 g ausgepalte Erbsen

Zubereitungszeit: 1 Std.

Pro Portion ca.: 600 kJ/145 kcal
14 g EW/3 g F/11 g KH

1 Die Tintenfische waschen und in feine Ringe schneiden. Stielansätze der Tomaten entfernen. Tomaten kurz überbrühen, häuten und vierteln.

2 Knoblauch schälen und fein hacken. Basilikum waschen, die Blättchen abzupfen. Die Hälfte beiseite legen, den Rest in Streifen schneiden.

3 Das Öl in einem Topf erhitzen. Den Tintenfisch darin unter Rühren 5 Min. braten. Knoblauch und Basilikumstreifen kurz mitbraten.

4 Wein und Tomaten dazugeben, mit Salz und Pfeffer würzen und zugedeckt bei schwacher Hitze 30 Min. schmoren.

5 Dann die Erbsen untermischen und weitere 5 Min. garen. Mit dem restlichen Basilikum bestreut servieren. Das Ragout paßt besonders gut zu schmalen Bandnudeln.

Fein gefüllt

Gefüllte Nudeltaschen schmecken köstlich und sehen so appetitlich aus, daß sie meist mit einer einfachen »Sauce« aus geschmolzener Butter und frisch geriebenem Käse auskommen. Selbstgemacht schlagen sie die gekauften um Längen! Und sie lassen sich nicht nur zu Quadraten ausschneiden und füllen, sondern in vielen verschiedenen Variationen formen.

Küchenhelfer

Wer eine Teigplatte mit Füllung belegt und eine zweite darüber legt, kann die Teigtaschen mit einem gezackten Teigrädchen ausschneiden. So werden die beiden Teigplatten gleich zusammengedrückt und die Ränder halten gut zusammen.

Es gibt zahlreiche spezielle Ausstecher für Ravioli und Co. Meist haben sie einen gezackten Rand und einen Holzgriff.

Ravioliblech sind mit Vertiefungen versehen und in ravioligroße Segmente geteilt. Man bemehlt das Blech und legt eine Teigplatte darauf, dann den Teig etwas in die Vertiefungen drücken. Dahinein kommt die Füllung. Mit einer zweiten Teigplatte abdecken und mit einem Nudelholz kräftig darüber rollen. Das Blech dann umdrehen und die fertigen Teigtaschen herausklopfen. Die, die sich nicht herausklopfen lassen, vorsichtig mit einer Messerspitze lösen.

Sie helfen bei der Zubereitung: Teigrolle, Ravioliblech, Ausstecher und Teigrädchen.

Teigtaschen herstellen

- Zuerst den Teig, wie auf Seite 31 beschrieben, kneten, ruhen lassen und zu dünnen Platten ausrollen. Auch hier immer portionsweise arbeiten, denn wenn Sie gleich alle Platten ausrollen, sind manche schon angetrocknet, bis sie weiter verarbeitet werden.
- Je dünner der Teig ausgerollt wird, desto besser kommt die feine Füllung im Inneren zur Geltung.
- Nun den Teig mit einem Messer oder Teigrädchen in Quadrate oder Rechtecke schneiden oder rund ausstechen.
- Dann in die Mitte des Teigstückes etwas Füllung geben. Es sollte rundherum immer ein ausreichend großer Rand – etwa 1 cm – frei bleiben, damit die Füllung nicht austritt.

- Die Ränder mit kaltem Wasser oder mit Eiweiß bepinseln. Ein zweites Teigstück darüber legen und die Ränder mit den Zinken einer bemehlten Gabel sehr gut zusammendrücken.

- Sie können auch ein größeres Teigstück ausschneiden, auf einer Seite in Abständen mit Füllung belegen und die andere Seite darüber klappen.

Dann die Zwischenräume zusammendrücken und mit einem Teigrädchen ausschneiden.
- Für Halbmonde ein rundes Teigstück in der Mitte belegen und die Teigränder darüber zusammenklappen. Oder Dreiecke aus Quadraten formen.
- Kleine Hütchen werden aus den Halbmonden, wenn Sie die beiden Enden über der Füllung aufeinanderlegen und zusammendrücken.

- Für Tortellini den belegten Teig zu einem Dreieck zusammenklappen. Die Ränder gut andrücken. Das Dreieck mit den langen Seiten um den Finger wickeln und die Enden gut zusammendrücken. Die Spitze des Dreiecks umklappen, damit keine Füllung austreten kann, den Finger vorsichtig herausziehen.

Die Garzeit

Ganz frisch zubereitete Teigtaschen sind bereits nach 2–3 Min. fertig.
Je länger die Teigtaschen aber gelegen haben – und Sie können sie gut schon am Vortag zubereiten und auf einem bemehlten Küchentuch oder auf einem Tablett zugedeckt an einem kühlen Ort lagern –, desto mehr trocknet der Teig an. Die Teigtaschen haben dann eine entsprechend längere Garzeit. Probieren Sie einfach zwischendurch eine Teigtasche.

Nudeltaschen auf Vorrat

Legen Sie die Nudeltaschen auf ein Tablett oder eine kältefeste Platte und frieren Sie sie im Gefrierschrank vor. So kleben sie nachher im Beutel nicht mehr aneinander und Sie können auch nur eine kleine Portion problemlos entnehmen.
Die angefrorenen Taschen in Gefrierbeutel füllen, verschließen, beschriften und ins Gefrierfach legen. Sie bleiben bis zu 3 Monaten frisch.
Teigtaschen mit Füllungen mit rohem Fleisch oder Fisch sollten Sie erst nach dem Garen und Abschrecken einfrieren, alle anderen können Sie roh einfrieren.
Zum Auftauen die Nudeltaschen einfach gefroren in kochendes Salzwasser oder in Brühe geben.

Ravioli mit Kürbisfüllung

- Vegetarisch
- Gut vorzubereiten

Den Nudelteig aus diesem Rezept nehmen Sie als Grundlage für die feinen Füllungen auf Seite 44/45. Auch, wie man die Teigtaschen herstellt, ist hier (und auf Seite 40/41) ausführlich beschrieben.

Für 4–6 Personen:

Für den Teig:
400 g Mehl
4 Eier
1 EL Olivenöl
1 TL Salz
Mehl für die Arbeitsfläche

Für die Füllung:
Salz
400 g Kürbis (geputzt gewogen, mit Schale etwa 650 g)
1 Zwiebel
100 g Parmesan
50 g gemahlene Mandeln
2 große Mangoldblätter (oder 1 Handvoll Spinat)
1 Bund Basilikum
1 TL körniger Senf
1 Ei
Pfeffer
Muskatnuß, frisch gerieben

Außerdem:
5–6 Zweige frischer Salbei
6 EL Olivenöl
etwa 50 g frisch geriebener Parmesan zum Servieren

Zubereitungszeit: 2 Std.

Bei 6 Personen pro Portion ca.:
2225 kJ/530 kcal
28 g EW/26 g F/57 g KH

1 Für den Teig das Mehl mit den Eiern, dem Öl und Salz zu einem glatten, aber festen Teig verkneten. Den Teig zu einer Kugel formen, mit einem Tuch bedecken und 30–60 Min. ruhen lassen.

2 Inzwischen für die Füllung Salzwasser aufkochen lassen. Den Kürbis schälen, von den Kernen und dem weichen, faserigen Fruchtfleisch befreien und in Würfel schneiden. Im kochenden Wasser in 15 Min. sehr weich garen. Abtropfen lassen und in den trockenen Topf geben. Bei schwacher Hitze weitere 5 Min. garen, bis die Stücke schön trocken sind. Dann abkühlen lassen.

3 Inzwischen nochmals Salzwasser aufkochen lassen. Die Zwiebel schälen und grob hacken. Parmesan grob würfeln, mit der Zwiebel und den Mandeln pürieren.

4 Den Mangold waschen und in kochendem Salzwasser 5 Min. blanchieren. Dann kalt abschrecken, abtropfen lassen und so fein wie möglich hacken. Flüssigkeit mit den Händen gut ausdrücken. Das Basilikum waschen und trockenschwenken, die Blättchen in feine Streifen schneiden.

5 Den Kürbis fein zerdrücken oder separat pürieren. Mit dem Mangold, dem Basilikum, der Käsemasse, dem Senf und dem Ei verrühren und mit Salz, Pfeffer und Muskat pikant abschmecken.

6 Den Teig nochmals gründlich durchkneten, in vier Stücke teilen und diese jeweils auf der bemehlten Arbeitsfläche möglichst dünn ausrollen. In Quadrate von etwa 6 cm Größe schneiden.

7 Je etwas Kürbisfüllung in die Mitte der Quadrate geben.

8 Diese zu Recht- oder Dreiecken zusammenklappen, die Ränder mit den Fingern oder mit einer Gabel gut zusammendrücken.

9 Die Nudeltaschen in reichlich sprudelnd kochendem Salzwasser 3–4 Min. kochen, dann in einem Sieb abtropfen lassen.

10 Inzwischen für die Sauce die Salbeiblätter abzupfen. Das Öl erhitzen, die Salbeiblätter hineingeben. Ravioli mit einem Schaumlöffel aus dem Wasser heben und in vorgewärmte Teller geben. Das Salbeiöl über den Teigtaschen verteilen. Sofort servieren und den Parmesan dazu reichen.

TIP!

Frisch zubereiteter Nudelteig wird immer portionsweise verarbeitet. Der restliche Teig wird mit einem Tuch zugedeckt und bleibt so geschmeidig und weich. Teigplatten, die nach dem Ausrollen zu lange liegen bleiben, werden nämlich trocken und auch zu hart. Man kann sie dann nicht mehr so gut formen.
Wenn Sie den Teig wirklich dünn ausrollen, bleibt etwas davon übrig. Diesen einfach zu Nudeln formen (siehe Seite 31) und völlig trocknen lassen. In einem Schraubglas aufbewahren.

Rucola-Artischocken-Ravioli

● Vegetarisch
● Raffiniert

Für 4 Personen:

Für den Teig:
Grundrezept Seite 42
Für die Füllung:
200 g in Öl eingelegte Artischockenherzen
2 EL Mascarpone
1 Bund Rucola
1 Knoblauchzehe
40 g frisch geriebener Parmesan
Salz · Pfeffer
Außerdem:
2 EL Olivenöl
2 Tomaten
Salz · Pfeffer

Zubereitungszeit: 2 Std.

Pro Portion ca.: 2315 kJ/555 kcal
26 g EW/17 g F/83 g KH

1 Teig wie beschrieben zubereiten (siehe Seite 42). Für die Füllung Artischockenherzen mit dem Mascarpone im Mixer fein pürieren. Rucola waschen, Knoblauch schälen. Beides sehr fein hacken und mit dem Parmesan unter die Füllung mischen. Salzen und pfeffern.

2 Teigtaschen wie beschrieben formen, füllen und garen (siehe Seite 41 und 42).

3 Stielansätze der Tomaten entfernen. Tomaten kurz überbrühen, häuten, vierteln und fein würfeln. Öl erhitzen. Tomaten darin kurz anschwitzen, salzen, pfeffern. Teigtaschen abtropfen lassen. Mit den Tomaten garnieren und servieren.

Kaninchen-Ravioli

● Für Gäste
● Gut vorzubereiten

Für 4 Personen:

Für den Teig:
Grundrezept Seite 42
Für die Füllung:
1 Zwiebel
1 kleine Möhre
100 g magerer Räucherspeck
400 g Kaninchenfleisch ohne Knochen
20 Salbeiblätter
1 EL Butter
2 EL Sahne · 2 Eier
3 EL frisch geriebener Parmesan
Salz · Pfeffer
Muskatnuß, frisch gerieben
Außerdem:
10 Zweige frischer Salbei
100 g Butter
frisch geriebener Parmesan

Zubereitungszeit: 2 Std.

Pro Portion ca.: 3730 kJ/890 kcal
50 g EW/44 g F/78 g KH

1 Teig zubereiten (siehe Seite 42). Für die Füllung Zwiebel und Möhre schälen, mit dem Speck würfeln. Fleisch würfeln. Salbei in Streifen schneiden.

2 Speck mit der Butter bei mittlerer Hitze glasig braten. Zwiebel, Möhre und Fleisch 3–4 Min. mitbraten. Alles in der Küchenmaschine fein zerkleinern. Sahne, Eier und Parmesan untermischen, mit Salz, Pfeffer und Muskat abschmecken.

3 Teigtaschen wie beschrieben formen, füllen und garen (siehe Seite 41 und 42).

4 Salbei abzupfen. Die Butter leicht bräunen, die Salbeiblätter hineingeben. Nudeltaschen mit Salbeibutter und mit Parmesan sofort servieren.

Ricotta-Ravioli

● Vegetarisch
● Gut vorzubereiten

Für 4 Personen:

Für den Teig:
Grundrezept Seite 42
Für die Füllung:
1 großes Bund Basilikum
2 Knoblauchzehen
300 g weicher Ricotta (italienischer Frischkäse)
1 großes Ei
100 g frisch geriebener Parmesan
Salz · Pfeffer
Cayennepfeffer
Für die Sauce:
1 Bund Frühlingszwiebeln
100 g Butter
frisch geriebener Pecorinokäse zum Servieren

Zubereitungszeit: 2 Std.

Pro Portion ca.: 3740 kJ/895 kcal
42 g EW/48 g F/79 g KH

1 Teig zubereiten (siehe Seite 42). Für die Füllung Basilikum waschen und die Blättchen sehr fein hacken. Knoblauch schälen und durch die Presse drücken. Mit Basilikum, Ricotta, Ei und Parmesan gründlich verrühren. Mit Salz, Pfeffer und Cayennepfeffer abschmecken.

2 Teigtaschen wie beschrieben formen, füllen und garen (siehe Seite 41 und 42).

3 Frühlingszwiebeln putzen, gründlich waschen und mit dem zarten Grün in feine Ringe schneiden.

4 Für die Sauce Butter zerlassen, Frühlingszwiebeln darin anbraten. Teigtaschen in vorgewärmte Teller geben, Zwiebelbutter darauf verteilen und mit Käse servieren.

Pilz-Ravioli

● Preiswert
● Gelingt leicht

Für 4 Personen:

Für den Teig:
Grundrezept Seite 42
Für die Füllung:
2 Schalotten
1 Bund Petersilie
350 g Champignons
1 EL Öl · 1 EL Crème fraîche
Salz · Pfeffer
1 großes Ei
1 1/2 EL Semmelbrösel
Für die Sauce:
1 Tomate
100 g Crème fraîche
Salz · 1 Prise Zucker

Zubereitungszeit: 2 Std.

Pro Portion ca.: 2540 kJ/610 kcal
24 g EW/23 g F/83 g KH

1 Teig wie beschrieben zubereiten (siehe Seite 42). Für die Füllung Schalotten schälen und fein hacken. Petersilie waschen, die Blättchen fein hacken. Pilze putzen und fein zerkleinern.

2 Das Öl erhitzen. Schalotten darin glasig braten. Pilze bei starker Hitze mitbraten. Petersilie und Crème fraîche untermischen und einkochen lassen. Die Masse fein pürieren, salzen und pfeffern. Ei und Semmelbrösel untermengen.

3 Teigtaschen wie beschrieben formen, füllen und garen (siehe Seite 41 und 42).

4 Für die Sauce die Tomate schälen und mit einer Gabel sehr fein zerdrücken. Mit der Crème fraîche erhitzen und mit Salz und Zucker abschmecken.

5 Nudeltaschen mit der Tomatensauce servieren.

Türkische Teigtaschen mit Schafkäse

● Raffiniert
● Gut vorzubereiten

Für 4–6 Personen:

Für den Teig:
- 1 TL zerlassene Butter
- 400 g Mehl
- 1 Ei
- Salz
- Mehl für die Arbeitsfläche

Für die Füllung:
- 300 g Schafkäse
- 1 Möhre
- 2 Knoblauchzehen
- 1/2 Bund Petersilie
- 4–5 Zweige frische Minze
- 1 EL Pinienkerne
- 1 getrocknete rote Chilischote
- 2 EL Joghurt
- weißer Pfeffer
- Paprika, edelsüß

Für die Hackfleischsauce:
- 500 g Lammfleisch (aus der Keule)
- 1 Bund Frühlingszwiebeln
- 2 Bund Petersilie
- 2 Knoblauchzehen
- 300 g Joghurt
- 1 EL Öl
- Salz
- 1 TL Paprika, rosenscharf

Zubereitungszeit: 2 Std.

Bei 6 Personen pro Portion ca.:
2815 kJ/675 kcal
34 g EW/30 g F/70 g KH

1 Für den Teig die Butter zerlassen. Das Mehl mit der Butter, dem Ei, etwa 100 ml lauwarmem Wasser und 1 kräftigen Prise Salz zu einem glatten Teig verkneten. Mit einem feuchten Tuch bedeckt 30–60 Min. ruhen lassen.

2 Inzwischen für die Füllung den Schafkäse mit einer Gabel fein zerdrücken. Die Möhre schälen, putzen und fein raspeln, dann zum Schafkäse geben. Knoblauch schälen und dazudrücken. Kräuter waschen, trockenschwenken und sehr fein zerkleinern. Pinienkerne grob hacken. Mit der zerkrümelten Chilischote, dem Joghurt und den Kräutern zum Käse geben, alles mit Pfeffer und Paprika pikant abschmecken. (Salz werden Sie nicht brauchen, denn der Käse ist meist sehr salzig).

3 Für die Sauce das Lammfleisch von Fett und Sehnen befreien und sehr fein hacken. Frühlingszwiebeln putzen, gründlich waschen und mit dem zarten Grün in feine Ringe schneiden. Petersilie waschen, die Blättchen fein hacken. Knoblauch schälen und durch die Presse drücken. Knoblauch mit dem Joghurt mischen.

4 Den Teig nochmals gut durchkneten, dann in vier Stücke teilen und jeweils auf der bemehlten Arbeitsfläche möglichst dünn ausrollen. Den Teig in Quadrate von etwa 4 cm Größe schneiden. Je etwa 1/2 TL Füllung in die Mitte der Quadrate geben.

5 Die vier Ecken der Teigstücke zur Mitte klappen. Spitzen und Ränder sternförmig zusammendrücken.

6 Das Öl in einem Topf erhitzen. Das Lammfleisch darin bei starker Hitze unter Rühren kräftig anbraten. Die Frühlingszwiebeln mitbraten. Petersilie dazugeben und mitbraten. Dann die Hälfte vom Knoblauchjoghurt untermischen und alles mit Salz und Paprika abschmecken. Bei sehr schwacher Hitze ziehen lassen.

7 Reichlich Salzwasser zum Kochen bringen. Nudeltaschen darin 4 Min. kochen, dann gut abtropfen lassen und in vorgewärmte Teller geben. Mit etwas Lammsauce bedecken. Den restlichen Knoblauchjoghurt getrennt dazu reichen. Sofort servieren.

TIP!

Besonders gut schmecken die Teigtaschen, wenn Sie sie mit türkischem oder griechischem Joghurt aus Schafmilch zubereiten. Sie bekommen ihn im türkischen Lebensmittelladen, wo es oft auch ausgezeichnetes Lammfleisch gibt.

Gebratene Wan-Tans mit Garnelenfüllung

- Für Gäste
- Gelingt leicht

Für 4 Personen:

40–50 tiefgekühlte Frühlingsrollenblätter (12 x 12 cm)
500 g rohe geschälte Garnelen
1 dünne Stange Lauch
1 walnußgroßes Stück frischer Ingwer
2 Knoblauchzehen
1 Ei
1 Messerspitze Sambal oelek
2 EL Sesamöl
1–2 EL Sojasauce
eventuell Salz
3–5 EL Erdnußöl (oder Sonnenblumenöl)
thailändische süß-sauer-scharfe Sauce zum Tunken (aus dem Asienladen)

Zubereitungszeit: 1 Std.

Pro Portion ca.: 2160 kJ/515 kcal
31 g EW/24 g F/33 g KH

1 Die Frühlingsrollenblätter aus der Packung nehmen und zum Auftauen mit einem feuchten Tuch abdecken. Garnelen kalt abspülen, trockentupfen und in sehr kleine Würfel schneiden. Lauch putzen, längs aufschlitzen und gründlich waschen, dann mit dem hellen Grün sehr fein hacken. Den Ingwer und den Knoblauch schälen und fein hacken.

2 Das Ei verquirlen, mit den Garnelen, dem Lauch, dem Ingwer und dem Knoblauch vermischen. Mit Sambal oelek, Sesamöl, Sojasauce und eventuell etwas Salz abschmecken.

3 Die Frühlingsrollenblätter auf der Arbeitsfläche ausbreiten und jeweils etwas Füllung in die Mitte geben. Die Teigränder mit kaltem Wasser bestreichen. Die Teigstücke zu einem Dreieck zusammenklappen und die Ränder andrücken. Die spitzen Enden nach oben nehmen und zusammendrücken. Den Backofen auf 50° einstellen.

4 Das Erdnußöl im Wok oder in einer Pfanne erhitzen. Teigtaschen darin portionsweise pro Seite 2 Min. braten. Die gebratenen Teigtaschen im Backofen warm halten.

5 Wenn alle Teigtaschen gebraten sind, mit der süß-sauer-scharfen Sauce servieren.

Maultaschen mit Fleisch-Spinat-Füllung

- Gelingt leicht
- Preiswert

Für 4 Personen:

Für den Teig:
300 g Mehl
2 Eier
1 EL Sonnenblumenöl
Salz
Mehl für die Arbeitsfläche

Für die Füllung:
Salz
300 g feiner Blattspinat
1 Zwiebel
1 Bund Petersilie
75 g gekochter Schinken
2 Scheiben Toastbrot
100 ml Milch
250 g gemischtes Hackfleisch
1 Ei · 1 Eigelb
Salz · schwarzer Pfeffer
Muskatnuß, frisch gerieben

Außerdem:
2 Zwiebeln
2 EL Butterschmalz
1/2 Bund Petersilie
2 l Fleischbrühe

Zubereitungszeit: 2 Std.

Pro Portion ca.: 2785 kJ/665 kcal
44 g EW/29 g F/71 g KH

1 Für den Teig das Mehl mit den Eiern, dem Öl, etwa 6 EL Wasser und 1 kräftigen Prise Salz zu einem glatten, geschmeidigen Teig verkneten (eventuell noch etwas Wasser oder Mehl unterarbeiten). Den Teig zugedeckt bei Zimmertemperatur 30 Min. ruhen lassen.

2 Inzwischen für die Füllung Salzwasser aufkochen lassen. Den Spinat waschen, von den groben Stielen befreien und im kochenden Wasser 2 Min. blanchieren. Kalt abschrecken, gründlich ausdrücken und sehr fein hacken. Die Zwiebel schälen und ebenfalls sehr fein hacken. Petersilie waschen, die Blättchen fein zerkleinern. Den Schinken in winzige Würfel schneiden.

3 Das Toastbrot würfeln und in der Milch einweichen. Das Brot dann ausdrücken und mit dem Spinat, der Zwiebel, der Petersilie, dem Schinken, dem Hackfleisch, dem Ei und dem Eigelb zu einer gebundenen Füllung mischen. Mit Salz, Pfeffer und Muskat kräftig abschmecken.

4 Den Teig dritteln und auf wenig Mehl möglichst fein ausrollen. In Stücke von etwa 6 x 12 cm Größe teilen, diese auf einer Hälfte mit je 1 EL Füllung belegen. Die Teigränder mit kaltem Wasser bepinseln, zusammenklappen und sehr gut andrücken.

5 Die Zwiebeln schälen und in sehr feine Ringe schneiden. Das Butterschmalz in einer Pfanne zerlassen, die Zwiebelringe darin bei mittlerer Hitze unter Rühren in 15 Min. weich und goldbraun rösten.

6 Die Petersilie waschen, die Blättchen fein hacken und untermischen.

7 Inzwischen für die Maultaschen die Fleischbrühe in einem großen oder in zwei Töpfen zum Kochen bringen. Maultaschen darin 10 Min. köcheln lassen.

8 Die Maultaschen abtropfen lassen, in vorgewärmte Teller geben und mit etwas Brühe übergießen. Mit den Zwiebelringen garniert servieren.

VARIANTE

Wer lieber vegetarisch ißt, nimmt mehr Brot und Spinat. Zusätzlich 20 g getrocknete Steinpilze einweichen und fein hacken. Diese Füllung mit etwas Zitronenschale fein abschmecken.

Im Bild vorne: Maultaschen mit Fleisch-Spinat-Füllung
Im Bild hinten: Gebratene Wan-Tans mit Garnelenfüllung

Knusprig gebacken

Knusprig gebacken und dampfend frisch aus dem Ofen serviert, schmecken Nudelgerichte nicht nur einfach köstlich, sondern sind auch für die Gästebewirtung ideal. Sie lassen sich gut vorbereiten und backen ohne Aufsicht.

Nudeln für Lasagne und Cannelloni

Sie sind zweifellos die bekanntesten Nudelgerichte aus dem Ofen. Lasagne wird aus großen Nudelblättern – aus Auszugs- oder Vollkornmehl oder auch grünen Teigplatten – mit verschiedenen Saucen zubereitet. Klassisch gart man sie mit Ragù alla bolognese und Béchamelsauce. Cannelloni sind große Röhrennudeln, die mit unterschiedlichsten Füllungen zubereitet werden.

Sowohl Lasagne wie auch Cannelloni gibt es in zwei Varianten zu kaufen. Wenn nichts anderes auf der Packung steht, muß man die Teigwaren in kochendem Salzwasser vorgaren. Dann sehr gründlich kalt abschrekken, damit sie nicht aneinanderkleben und abtropfen lassen. Außerdem gibt es Lasagneblätter und Cannellonirollen, die man ohne Vorkochen verwenden kann. Das ist jeweils auf der Packung vermerkt. Und der Unterschied zwischen beiden? Die, die man vorkochen muß, schmecken meist um eine Nuance besser. Und: Wenn Sie Teigwaren ohne Vorkochen verwenden, brauchen Sie eine feuchte Füllung, denn die Nudeln saugen mehr Flüssigkeit auf als die vorgekochten. Außerdem ist die Garzeit meist etwas länger.

Nudeln für Aufläufe und Gratins

Hierfür werden die Nudeln vorgekocht und kalt abgeschreckt. Besonders gut geeignet sind kleinere Nudeln wie Penne, Orecchiette und Rigatoni, Fusilli und Farfalle, denn sie verbinden sich gut mit den anderen Zutaten.

Der richtige Käse zum Überbacken

Zum Überbacken braucht man einen Käse, der gut schmilzt und zudem eine feine Würze gibt.
Gut geeignet sind würzige Käsesorten wie Bergkäse, Greyerzer, Appenzeller und auch älterer Gouda. Außerdem schmecken mittelalter bis alter Pecorino, Gorgonzola und Roquefort.
Mild und cremig werden die Gerichte mit Mozzarella, der gut schmilzt. Am besten nehmen Sie den (teureren) Mozzarella aus Büffelkuhmilch, denn der hat mehr Geschmack als der aus Kuhmilch. Inzwischen gibt es ihn auch schon in vielen Supermärkten zu kaufen.
Parmesan schmeckt besser unter den Auflauf oder das Gratin gemischt als auf die Oberfläche gestreut, denn er schmilzt nur in Verbindung mit Fett gut.

Die passende Form

Wer viel Kruste möchte, sollte eine große und eher flache Form nehmen, wer die Gerichte lieber saftig und nicht so knusprig mag, wählt eine etwas kleinere und dafür höhere Form.
Für Lasagne und Cannelloni sollten Sie außerdem eckige Formen bevorzugen, sie lassen sich leichter füllen. Wichtig für Cannelloni ist außerdem, daß die Form groß genug ist, so daß alle Röllchen nebeneinander hineinpassen. Nur so werden sie gleichmäßig gar.

Eine wandlungsfähige Sauce

Viele der überbackenen Nudelgerichte werden mit einer Béchamelsauce als Basis zubereitet. Dafür 50 g Butter in einem Topf schmelzen lassen. 40–50 g Mehl (je nachdem, wie dickflüssig die Sauce werden soll) dazugeben und unter Rühren goldgelb werden lassen. Dann nach und nach unter kräftigem Rühren 3/4 l Milch dazugießen. Damit der Mehlgeschmack verschwindet und die Sauce dickflüssig wird, läßt man sie bei schwacher Hitze 10 Min. köcheln. Dabei immer wieder umrühren. Die Sauce mit Salz, Pfeffer und Muskat würzen.
Für Nudelgerichte mischt man noch 50 g geriebenen Käse darunter, erhält dadurch eine Sauce Mornay. Diese Grundsauce läßt sich vielfältig abwandeln:

- Einen Teil der Milch durch Gemüse-, Hühner- oder Kalbsfond ersetzen.
- Mit frisch geriebenem Meerrettich würzen.
- Mit 1 kräftigen Prise Currypulver würzen.
- Mit Tomatenmark würzen und rötlich färben.
- Mit Zitronenschale und -saft abschmecken.
- Reichlich frisch gehackte Kräuter untermischen.

Die Käsesorten von links im Uhrzeigersinn: Gorgonzola, mittelalter Pecorino, mittelalter Gouda, Bergkäse, Permigiano Reggiano (Parmesan), Mozzarella.

Lasagne mit Pilzen und Zuckerschoten

- Raffiniert
- Vegetarisch

Für 4 Personen:

1 unbehandelte Zitrone
600 g Egerlinge
1 EL Butterschmalz
Salz
250 g Zuckerschoten
50 g Butter
40 g Mehl
3/4 l Milch
100 g frisch geriebener Parmesan
schwarzer Pfeffer
Muskatnuß, frisch gerieben
200 g Kirschtomaten
2–3 Bund Basilikum (je nach Größe)
150 g Büffelmozzarella
250 g Lasagneplatten (ohne Vorkochen)
2 EL Olivenöl

Zubereitungszeit: 50 Min.
Backzeit: 40 Min.

Pro Portion ca.: 3500 kJ/840 kcal
39 g EW/41 g F/82 g KH

1 Die Zitrone heiß waschen und abtrocknen. Dann die Schale fein abreiben. Die Zitrone auspressen.

2 Die Pilze mit Küchenpapier sauber abreiben (nur sehr schmutzige kurz kalt waschen) und die Stielenden abschneiden. Die Pilze in dünne Scheiben schneiden und mit 1 EL Zitronensaft mischen.

3 Das Butterschmalz in einer Pfanne erhitzen. Die Pilze darin bei starker Hitze unter Rühren braun anbraten. Falls sich dabei Flüssigkeit bildet, diese unter Rühren wieder einkochen lassen. Die Pilze beiseite stellen.

4 Salzwasser aufkochen lassen. Die Zuckerschoten waschen und von den Enden befreien. Die Zuckerschoten im kochenden Wasser 2 Min. blanchieren, dann in einem Sieb gründlich kalt abschrecken und abtropfen lassen.

5 Für die Béchamelsauce die Butter in einem Topf zerlassen. Das Mehl darin unter Rühren goldgelb anschwitzen. Die Milch nach und nach dazufließen lassen, dabei ständig mit dem Kochlöffel kräftig rühren. Die Sauce bei schwacher Hitze 10 Min. köcheln lassen (Seite 51).

6 Dann die Hälfte des Parmesans unter die Sauce mischen und das Ganze mit Salz, Pfeffer, Muskat, der Zitronenschale und 1–2 EL -saft abschmecken.

7 Die Kirschtomaten waschen und halbieren. Das Basilikum waschen und die Blättchen abzupfen, ganz lassen. Den Mozzarella abtropfen lassen und in feine Scheiben schneiden.

8 Den Backofen auf 200° vorheizen. Eine feuerfeste Form mit etwas Olivenöl ausstreichen.

9 Nun die Form lagenweise füllen. Mit Nudelblättern beginnen, mit Pilzen, Zuckerschoten und Tomaten belegen. Mit Basilikumblättchen bestreuen, mit etwas Mozzarella belegen und mit weißer Sauce begießen. Auf diese Weise alle Zutaten in die Form schichten. Die letzte Schicht soll aus Nudelblättern bestehen. Die restliche Sauce auf die Oberfläche gießen und mit dem restlichen Parmesan bestreuen. Mit dem übrigen Öl beträufeln.

10 Die Lasagne im Backofen (Mitte, Umluft 180°) 40 Min. backen, bis die Nudelplatten weich sind und die Lasagne schön gebräunt ist.

VARIANTE

Lasagne al forno
Für die ganz klassische Variante dieses beliebten italienischen Gerichts brauchen Sie 250 g grüne oder weiße Lasagneplatten, 1 Rezept Ragù alla bolognese (Seite 38) und 1 Rezept Béchamelsauce (Seite 51). 1 kleine Dose geschälte Tomaten (400 g Inhalt) abtropfen lassen und würfeln, 1 Bund Basilikum waschen, trockenschwenken und fein hacken. Beides unter die Hackfleischsauce mischen. 150–200 g Mozzarella in Würfel schneiden. Nudelplatten, Fleischsauce und Béchamelsauce abwechselnd in die Form schichten, dabei jeweils einige Mozzarellawürfel dazwischen streuen. Mit Nudelplatten abschließen, mit der übrigen Sauce bedecken und mit 50 g frisch geriebenem Parmesan bestreuen. Mit 2 EL Olivenöl beträufeln und im heißen Backofen bei 200° (Umluft 180°) 40 Min. backen.

Cannelloni mit Fischfüllung

● Raffiniert
● Für Gäste

Für 4 Personen:

Für die Füllung:
2 Scheiben Toastbrot
600 g Fischfilet (z.B. Kabeljau, Rotbarsch)
1 Bund Frühlingszwiebeln
1/2 unbehandelte Zitrone
1 Bund Petersilie
1 Bund Dill
2 Eier
Salz · weißer Pfeffer
Muskatnuß, frisch gerieben
125 g Mozzarella
1 TL Kapern (nach Belieben)
Für die Sauce:
1 EL Butter
1 gehäufter EL Mehl
1/2 l Milch
Salz · Pfeffer
Außerdem:
250 g Cannelloni (ohne Vorkochen)
1 große Fleischtomate

Zubereitungszeit: 1 Std.
Backzeit: 30–35 Min.

Pro Portion ca.: 2865 kJ/685 kcal
54 g EW/20 g F/73 g KH

1 Toastbrot in lauwarmem Wasser einweichen, dann gut ausdrücken und fein zerpflücken. Das Fischfilet grob würfeln und mit dem Toastbrot im Mixer pürieren.

2 Frühlingszwiebeln putzen, gründlich waschen und mit dem zarten Grün in feine Ringe schneiden. Zitrone heiß waschen, die Schale abschneiden und sehr fein hacken. Zitrone dann auspressen. Kräuter waschen und die Blättchen fein schneiden.

3 Fischmasse mit Frühlingszwiebeln, Zitronenschale und -saft, Eiern, Salz, Pfeffer und Muskat mischen. Mozzarella würfeln und mit den Kapern untermischen.

4 Butter in einem Topf schmelzen lassen. Mehl darin anschwitzen. Die Milch unter Rühren angießen und die Sauce bei mittlerer bis schwacher Hitze 10 Min. köcheln lassen (Seite 51). Mit Salz und Pfeffer abschmecken.

5 Backofen auf 200° vorheizen. Cannellonirollen mit der Fischmasse füllen (Tip Seite 55) und nebeneinander in eine feuerfeste Form legen. Tomate waschen, in dünne Scheiben schneiden und darauf verteilen. Mit der Sauce begießen.

6 Cannelloni im Backofen (Mitte, Umluft 180°) 30–35 Min. backen, bis sie weich und leicht gebräunt sind.

Cannelloni mit Ricotta-Schinken-Füllung

- Gelingt leicht
- Gut vorzubereiten

Für 4 Personen:

Für die Füllung:
200 g gekochter Schinken
1 Bund Rucola
1 Zwiebel
2 Knoblauchzehen
2 TL Olivenöl
400 g weicher Ricotta (italienischer Frischkäse)
2 Eier
150 g frisch geriebener Parmesan
Salz · Pfeffer
Muskatnuß, frisch gerieben
Für die Sauce:
800 g Tomaten
1 TL gerebelte, gemischte italienische Kräuter
Salz · Pfeffer
Außerdem:
250 g Cannelloni (ohne Vorkochen)
50 g frisch geriebener Parmesan
1 EL Butter

Zubereitungszeit: 40 Min.
Backzeit: 30 Min.

Pro Portion ca.: 3580 kJ/855 kcal
53 g EW/43 g F/63 g KH

1 Schinken in Würfel schneiden. Rucola waschen, trockenschwenken und sehr fein hacken. Zwiebel und Knoblauch schälen und ebenfalls fein hacken. Olivenöl erhitzen, Zwiebel und Knoblauch darin bei mittlerer Hitze in 5 Min. glasig braten.

2 Schinken und Zwiebelmischung mit Rucola, Ricotta, Eiern und Parmesan mischen und mit Salz, Pfeffer und Muskat pikant abschmecken. In die Cannelloniröllchen füllen (siehe Tip) und nebeneinander in eine feuerfeste Form schichten. Den Backofen auf 200° vorheizen.

3 Für die Sauce Tomaten häuten, entkernen und im Mixer fein pürieren. Mit den gerebelten Kräutern verrühren, mit Salz und Pfeffer abschmecken und über die Nudelröllchen gießen. Den Parmesan darüber streuen und mit der Butter in Flöckchen belegen.

4 Die Cannelloni im Backofen (Mitte, Umluft 180°) in 35 Min. weich und knusprig backen.

TIP!

Das Einfüllen der Ricottamasse geht gut mit einem kleinen Löffel, dann immer wieder mit einem Holzstäbchen nachschieben. Noch einfacher: ein Spritzbeutel mit großer Lochtülle.

Nudelgratin mit Tomaten und Gorgonzola

- Vegetarisch
- Gelingt leicht

Für 4 Personen:

Salz
300 g Bandnudeln (oder Spaghetti)
700 g Tomaten
200 g Rucola
250 g Gorgonzola
2 Knoblauchzehen
schwarzer Pfeffer
Cayennepfeffer
1 EL Nußöl (oder Sonnenblumenöl)
2 EL Walnußkerne
Butter für die Form

Zubereitungszeit: 35 Min.
Backzeit: 35 Min.

Pro Portion ca.: 2460 kJ/590 kcal
23 g EW/28 g F/67 g KH

1 Reichlich Salzwasser zum Kochen bringen. Die Nudeln darin nach Packungsaufschrift bißfest kochen, kalt abschrecken und abtropfen lassen.

2 Inzwischen Stielansätze der Tomaten entfernen. Tomaten kurz überbrühen, häuten und vierteln. Klein würfeln, dabei von den Kernen befreien. Rucola waschen, trockenschwenken und fein hacken.

3 Gorgonzola in kleine Würfel schneiden. Knoblauch schälen und durch die Presse drücken. Tomaten, Rucola und Knoblauch mischen und mit Salz, Pfeffer und Cayennepfeffer abschmekken.

4 Den Backofen auf 200° vorheizen. Eine feuerfeste Form mit Butter ausstreichen. Die Nudeln zu kleinen Nestern drehen und nebeneinander in die Form legen.

5 Tomatenmasse auf die Nudeln geben, jeweils mit Gorgonzolawürfeln bedecken. Öl darüber träufeln. Walnußkerne grob zerkleinern und darüber streuen.

6 Das Gratin im Backofen (Mitte, Umluft 180°) 35 Min. backen, bis der Käse zerlaufen und gebräunt ist.

VARIANTE

Wer möchte, kann nur 100 g Rucola nehmen und zusätzlich 150 g gekochten Schinken in kleinen Würfeln untermischen.

Nudelauflauf mit Erbsen und Artischocken

- Raffiniert
- Für Gäste

Für 4 Personen:

Salz
200 g Penne
6 in Öl eingelegte Artischockenherzen
1 Bund Frühlingszwiebeln
100 g gekochter Schinken
1 Bund Basilikum
150 g ausgepalte Erbsen
schwarzer Pfeffer
Muskatnuß, frisch gerieben
1/2 unbehandelte Zitrone
3 Eier
100 g Mascarpone
80 g frisch geriebener Pecorinokäse
Fett für die Form

Zubereitungszeit: 35 Min.
Backzeit: 35–40 Min.

Pro Portion ca.: 2510 kJ/600 kcal
31 g EW/28 g F/64 g KH

1 Reichlich Salzwasser zum Kochen bringen. Die Nudeln darin nach Packungsaufschrift bißfest kochen, kalt abschrecken und abtropfen lassen.

2 Die Artischockenherzen abtropfen lassen und der Länge nach achteln. Frühlingszwiebeln putzen, gründlich waschen und mit dem zarten Grün in feine Ringe schneiden. Schinken vom Fettrand befreien und in Streifen schneiden. Basilikum waschen, trockenschwenken, die Blättchen in Streifen schneiden.

3 Die Nudeln, die Artischocken, die Frühlingszwiebeln, den Schinken, das Basilikum und die Erbsen mischen, mit Salz, Pfeffer und Muskat abschmecken. Die Zitronenhälfte heiß waschen und abtrocknen. Die Schale dünn abschneiden und fein hacken, den Saft auspressen.

4 Den Backofen auf 200° vorheizen. Eine feuerfeste Form fetten.

5 Die Eier trennen. Die Eigelbe mit dem Mascarpone, dem Käse, der Zitronenschale und dem -saft mischen und unter die Nudelmasse mengen. Die Eiweiße mit Salz steif schlagen und unter die Masse heben.

6 Die Masse in die Form füllen. Den Auflauf im Backofen (Mitte, Umluft 180°) 35–40 Min. backen, bis er schön gebräunt ist.

VARIANTEN

Nudelaufläufe schmecken mit vielen anderen Gemüsesorten gut. Zucchini, Paprikaschoten, Tomaten und Staudensellerie können Sie roh verwenden. Blanchiert werden müssen Spinat, Mangold und anderes Blattgemüse, auch alle Kohlsorten.
Vorher in Öl anbraten sollten Sie Pilze, Auberginen, Kürbis- und Kohlrabiwürfel.

Im Bild vorne: Nudelgratin mit Tomaten und Gorgonzola
Im Bild hinten: Nudelauflauf mit Erbsen und Artischocken

Conchiglione mit zwei Füllungen

- Raffiniert
- Gut vorzubereiten

Conchiglione sind so groß, daß sie sich bequem füllen lassen. Sie bekommen die Muschelnudeln im italienischen Feinkostgeschäft. Wer einmal keine erhält, kann Cannellonirollen nehmen. Diese nach dem Vorgaren zweimal durchschneiden und füllen.

Für 4 Personen:

2 junge rote Beten (etwa 300 g)
Salz
250 g Conchiglione (große Muschelnudeln)
300 g Broccoli
1 Schalotte
2 EL Butter
1 EL Cognac (ersatzweise Gemüsebrühe)
1 EL Walnußkerne
50 g frisch geriebener Greyerzer Käse
250 g Mascarpone
schwarzer Pfeffer
100 g Kabeljaufilet
1 Frühlingszwiebel
1 Bund Dill
1 Eigelb
1 EL Worcestersauce

Zubereitungszeit: 1 Std.
Backzeit: 30–35 Min.

Pro Portion ca.: 2990 kJ/715 kcal
22 g EW/44 g F/59 g KH

1 Die roten Beten waschen und von kochendem Wasser bedeckt zugedeckt 30 Min. garen, bis sie weich sind, dann kalt abschrecken und etwas abkühlen lassen.

2 Gleichzeitig für die Nudeln reichlich Salzwasser zum Kochen bringen. Die Nudeln in 13 Min. bißfest kochen, kalt abschrecken und sehr gut abtropfen lassen.

3 Den Broccoli waschen und die Röschen abschneiden. Die Stiele schälen und in Würfel schneiden. Den Broccoli in kochendem Salzwasser 6–8 Min. blanchieren, bis er weich ist. Dann kalt abschrecken und abtropfen lassen. Den Broccoli sehr fein hacken.

4 Die Schalotte schälen und sehr fein hacken. In einer Pfanne 1 EL Butter zerlassen, die Schalotte darin glasig braten. Mit dem Cognac ablöschen, zum Broccoli geben. Die Walnußkerne fein hacken und mit dem Greyerzer und der Hälfte des Mascarpone zum Broccoli geben. Die Masse mit Salz und Pfeffer abschmecken.

5 Die roten Beten schälen (siehe Tip), grob würfeln und im Mixer fein zerkleinern. Den Fisch in sehr kleine Würfel schneiden. Die Frühlingszwiebel putzen, gründlich waschen und mit dem zarten Grün in sehr feine Ringe schneiden. Den Dill waschen, die Spitzen abzupfen und fein hacken.

6 Den Fisch mit der Frühlingszwiebel, dem Dill, dem restlichen Mascarpone, dem Eigelb und der Worcestersauce unter die roten Beten mischen, die Masse mit Salz und Pfeffer abschmecken.

7 Den Backofen auf 200° vorheizen. Die Hälfte der Conchiglione mit der Broccolimasse, die andere Hälfte mit der Rote-Bete-Masse füllen. Die Teigmuscheln in buntem Wechsel nebeneinander in eine große feuerfeste Form setzen. Mit der übrigen Butter in Flöckchen belegen.

8 Die Nudeln im Backofen (Mitte, Umluft 180°) 30–35 Min. backen, bis sie schön gebräunt sind.

VARIANTEN

Statt Broccoli schmeckt auch Wirsing – ebenfalls blanchiert und sehr fein gehackt. Und die roten Beten können Sie durch 2–3 rote Paprikaschoten ersetzen. Diese halbieren, putzen und im Backofen bei 250° 10–15 Min. backen, bis die Haut Blasen wirft. Häuten und im Mixer pürieren.
Statt Kabeljau Lachs nehmen.

TIP!

Rote Beten färben beim Schälen und Schneiden stark ab. Verwenden Sie deshalb besser ein Plastik- als ein Holzbrett und waschen Sie sich nach dem Zerkleinern gründlich die Hände.

Lumaconi mit Auberginen-Tomaten-Füllung

● Raffiniert
● Gut vorzubereiten

Für 4 Personen:

800 g Tomaten
1 Aubergine (etwa 300 g)
2 Knoblauchzehen
3 EL Olivenöl · Salz
250 g Lumaconi rigati (große Schneckennudeln)
1 Bund Majoran
50 g Sardellenfilets (in Öl eingelegt)
250 g Büffelmozzarella
schwarzer Pfeffer
Cayennepfeffer
50 g frisch geriebener Pecorinokäse
Öl für die Form

Zubereitungszeit: 45 Min.
Backzeit: 25–30 Min.

Pro Portion ca.: 2660 kJ/635 kcal
32 g EW/31 g F/62 g KH

1 Stielansätze der Tomaten entfernen. Tomaten kurz überbrühen, häuten und fein würfeln. Die Aubergine vom Stielansatz befreien, mit dem Sparschäler schälen und fein würfeln. Den Knoblauch schälen und fein hacken.

2 Das Öl in einer Pfanne erhitzen. Die Auberginenwürfel darin bei mittlerer Hitze rundherum braun anbraten. Tomaten und Knoblauch dazugeben und alles in 20–30 Min. zu einer dickflüssigen Masse einkochen lassen.

3 Inzwischen reichlich Salzwasser zum Kochen bringen. Die Nudeln darin nach Packungsaufschrift bißfest kochen, kalt abschrecken und abtropfen lassen.

4 Den Majoran waschen, die Blättchen fein hakken. Die Sardellen abtropfen lassen und fein hacken. Den Mozzarella klein würfeln.

5 Die Tomatenmasse vom Herd ziehen und etwas abkühlen lassen. Dann die Sardellen, den Majoran und den Mozzarella untermischen und alles mit Salz, Pfeffer und Cayennepfeffer pikant abschmecken.

6 Den Backofen auf 200° vorheizen. Eine feuerfeste Form mit etwas Öl ausstreichen.

7 Die Lumaconi mit der Tomatenmasse füllen und nebeneinander in die Form legen. Mit dem Pecorino bestreuen.

8 Die Nudeln im Backofen (Mitte, Umluft 180°) 25–30 Min. backen, bis sie schön gebräunt sind.

Tortellini mit Garnelen-Basilikum-Haube

- Für Gäste
- Gelingt leicht

Für 4 Personen:

Salz
400 g frische Tortellini (mit Ricotta-Spinat-Füllung)
400 g rohe geschälte Garnelen
2 Bund Basilikum
2 Knoblauchzehen
3 Eier
1 EL Zitronensaft
250 g Sahne
weißer Pfeffer
1 TL Paprika, edelsüß
Fett für die Form

Zubereitungszeit: 30 Min.
Backzeit: 30 Min.

Pro Portion ca.: 1805 kJ/430 kcal
28 g EW/26 g F/21 g KH

1 Für die Tortellini reichlich Wasser mit 1 kräftigen Prise Salz zum Kochen bringen. Die Tortellini darin nach Packungsaufschrift garen. Dann kalt abschrecken und abtropfen lassen.

2 Die Garnelen kalt abspülen, trockentupfen und in kleine Würfel schneiden. Das Basilikum waschen, einige Blättchen zum Garnieren beiseite legen, die restlichen fein hacken. Knoblauch schälen und durch die Presse drücken.

3 Den Backofen auf 200° vorheizen. Eine feuerfeste Form fetten, die Tortellini hineingeben.

4 Die Eier trennen. Garnelen mit Basilikum, Knoblauch, Zitronensaft, Sahne und Eigelben mischen und mit Salz, Pfeffer und Paprika abschmecken. Eiweiße steif schlagen und unterheben. Die Masse auf den Tortellini verteilen.

5 Die Tortellini im Backofen (Mitte, Umluft 180°) 30 Min. backen, bis die Haube schön gebräunt ist. Mit den Basilikumblättchen garnieren.

Impressum

Redaktion: Christine Wehling
Lektorat: Adelheid Schmidt-Thomé
Layout, Typographie, Umschlaggestaltung: Heinz Kraxenberger
Herstellung: Renate Hausdorf
Produktion: Helmut Giersberg
Fotos: Reiner Schmitz
Satz: Computersatz Wirth
Reproduktion: C. G. Colourscan
Druck und Bindung: Kaufmann, Lahr
ISBN 3-7742-2393-9

Auflage	5.	4.
Jahr	02	01

Cornelia Schinharl
Sie lebt in der Nähe von München und studierte zunächst Sprachen, bevor sie sich dem Bereich Ernährung zuwandte. Nach der fundierten Ausbildung bei einer bekannten Food-Journalistin und einem Praktikum bei einem großen Hamburger Verlag, machte sie sich 1985 als Redakteurin und Autorin selbständig. Es sind seither zahlreiche Bücher von ihr erschienen.

Reiner Schmitz
begann seine berufliche Laufbahn in Düsseldorf und München als Assistent bei verschiedenen Food- und Stillife-Fotografen. 1989 machte er sich als Foto-Designer in diesen Spezialgebieten selbständig. Zu seinen Kunden zählen Industrie, Werbeagenturen und Verlage. Besonderen Wert legt Reiner Schmitz auf stimmungsvolle Aufnahmen, die die natürliche Frische der Lebensmittel wiedergeben. Die Fotos dieses Buches entstanden in enger Zusammenarbeit mit dem Koch und Foodstylisten Rudolf Vornehm.

GASHERD-TEMPERATUR

Die Temperaturstufen bei Gasherden variieren von Hersteller zu Hersteller. Welche Stufe Ihres Herdes der jeweils angegebenen Elektroherd-Temperatur entspricht, entnehmen Sie bitte der Gebrauchsanweisung.

ABKÜRZUNGEN

TL = Teelöffel
EL = Eßlöffel
Msp. = Messerspitze

kJ = Kilojoules
kcal = Kilokalorien
EW = Eiweiß
F = Fett
KH = Kohlenhydrate

Ihr Gräfe und Unzer Verlag
Redaktion Kochen
Postfach 86 03 25
81630 München
Fax: 089/41981-113
e-mail: leserservice@graefe-und-unzer.de